COLEÇÃO ENSAIOS
TRANSVERSAIS

Servidão Ambígua
Valores e condição do magistério

© 2001 by Gilson R. de M. Pereira

Todos os direitos desta edição reservados
Escrituras Editora e Distribuidora de Livros Ltda.
Rua Maestro Callia, 123 Vila Mariana 04012-100
São Paulo, SP – Telefax: (11) 5082-4190
e-mail: escrituras@escrituras.com.br
site: www.escrituras.com.br

Coordenação editorial
Raimundo Gadelha

Produção editorial
Ricardo Siqueira

Editoração eletrônica
Bianca Saliba Di Thomazo

Revisão
Joana Canêdo

Ilustração da capa
a partir da obra *Decúbito* de Valdir Rocha

Impressão
Palas Athena

Dados Internacionais de Catalogação na Publicação (CIP)
(Câmara Brasileira do Livro, SP, Brasil)

Pereira, Gilson R. de M., 1957 –
Servidão ambígua: valores e condições do magistério / Gilson R. de M. Pereira. – São Paulo: Escrituras Editora, 2001. – (Coleção Ensaios Transversais)

Bibliografia.

1. Professores – São Paulo (Estado) 2. Valores I. Título. II. Série.

01.2534   CDD- 371.10098161

Índices para catálogo sistemático:
1. Magistério oficial : São Paulo : Estado : Educação   371.10098161
2. São Paulo : Estado : Magistério oficial : Educação   371.10098161

Impresso no Brasil
Printed in Brazil

Gilson R. de M. Pereira

COLEÇÃO ENSAIOS TRANSVERSAIS

Servidão Ambígua
Valores e condição do magistério

escrituras
São Paulo, 2001

Para Sãozinha, Marianinha e Mell
Para Bob Wilson e Rosana

Agradecimentos

Este livro, com poucas modificações, é uma tese de doutorado defendida na Faculdade de Educação da Universidade de São Paulo. É com prazer que manifesto minha gratidão a todos os que me ajudaram na sua elaboração. Menciono inicialmente o meu orientador de tese, e mecenas deste livro, professor Nílson José Machado. A ele devo não só a orientação segura, sempre lúcida, minuciosa e atenta, como também, e sobretudo, a amizade, o interesse e a generosidade. Agradeço-lhe quatro anos de gratificante desafio intelectual. A ajuda da professora Denice Barbara Catani foi fundamental para que se abrisse para mim o universo conceitual da obra de Pierre Bourdieu. A inteligência e o coração da professora Denice me deram muito mais do que eu possa retribuir. Às demais integrantes da banca examinadora – professoras Marília Pontes Espósito, Maria Alice Nogueira e Marilda da Silva – agradeço a leitura crítica e os proveitosos comentários. Devo ainda ao professor Afrânio Mendes Catani as estimulantes conversas e parcerias. A dona Ivanildes e a toda equipe do Instituto de Estudos Educacionais do CPP, bem como a Valéria, Francisca, Alessandra e Rosana, da Apeoesp, agradeço a simpática acolhida durante a pesquisa nos arquivos das entidades. Sou eternamente grato a Honório, Nonato, Silvério e Denise, amigos que me acompanharam de perto e, cada um a seu modo, me cobriram de solidariedade.

Sumário

Introdução 11

PARTE I – PROBLEMAS E POSIÇÕES

1. O magistério e a percepção de seus problemas.......... 29
   A " miséria de posição" do magistério 30
   A perda das referências............................... 35
   As ambigüidades da década........................... 43
   As frustrações do professorado 46

2. A experiência de viver em posições dominadas
   (e ambíguas).. 53
   Cartas do professorado............................... 60
   Um microcosmo ansiogênico 64
   A força do arbítrio 71
   A "quase-sistematização afetiva" 75
   Propriedades do magistério 82

3. Salários e recrutamento 87
   Recrutamento: condições socioeconômicas dos
      membros do magistério oficial paulista........... 92
   Magistério primário e tradicionalismo................... 95

PARTE II – O SUBCAMPO DAS ENTIDADES SINDICAIS

4. Dominantes e pretendentes............................... 103
   CPP e Apeoesp: fontes de campo 111
   A heteronimia do subcampo das entidades
      sindicais..110
   As diferentes atualizações do *habitus* 108
   Dominantes: CPP, "imperturbável lutador
      da classe" 119
   Pretendentes: reviravolta do *habitus* e celebridades
      universitárias 123

5. Efeito de campo 127
    Heteronimia do subcampo: as entidades, a imprensa cotidiana e a construção do desvalor 133
6. O preço do discurso 141
    A linguagem das entidades 149

PARTE III – UMA FICÇÃO BEM FUNDADA

7. Apeoesp: as ambigüidades da politização 159
    Apeoesp: alguns valores em estado prático 175
8. CPP: necrológios e organização do espaço axiológico 183
    Os objetos 184
    Formas de classificação do magistério 186
    Necrológios exemplares 189
    Virtudes missionárias e desinteresse 196
    Prescrição de práticas modelares 202
    A organização do espaço axiológico 203
9. Topografia axiológica do magistério 213
10. Considerações finais 219
Referências bibliográficas 227
Dados do autor 237

Introdução

> *Algumas teorias sociológicas e filosóficas apresentam por vezes aquilo a que chamamos de "valores" e "juízos de valor" como entidades "últimas" e "absolutas" que escapam a qualquer explicação. Dir-se-ia que os homens têm inteira liberdade de decidir quais os "valores" e "juízos de valor" que querem adotar. [...] Há também uma forte tendência para esquecer as limitações e pressões a que nos sujeitamos pelo simples facto de aceitarmos como nossos os valores e juízos de valor que proferimos.*
>
> Norbert Elias, *A sociedade de corte*

O estudo que se tem às mãos é sobre os valores do magistério oficial paulista. Sobre os valores em estado prático, ou seja, incorporados imperceptivelmente pela simples imersão e socialização do agente no campo. Valores que não precisam ser propositalmente enunciados e tampouco codificados para os fins da transmissão, adquiridos, como diz Bourdieu, "sem regras nem critérios explícitos", quais sejam, os valores acionados por professores e professoras nas situações práticas, os modelos recomendados – legítimos e legitimados – de comportamento profissional, os padrões de julgamento moral e os sensos profissional e político-social expressos por meio de qualificativos utilizados para classificar e ser classificado.

As entidades

Mais especificamente, trata-se de um estudo sobre os valores e julgamentos de valor do magistério oficial paulista produzidos e disseminados nas e pelas duas das principais associações da categoria, o Centro do Professorado Paulista, CPP, e o Sindicato dos Professores do Ensino Oficial do Estado de São Paulo, Apeoesp, durante a década de 1980. Essas duas entidades foram escolhidas para o presente estudo em razão da representatividade que possuíam e possuem junto ao professorado, da penetração de seus periódicos e publicações e, por conseguinte, do elevado poder de congregação e influência de que dispunham na época. Em resumo, foram escolhidas em virtude de sua legitimidade. Conjuntamente, elas carregam atrás de si um histórico razoavelmente longo de lutas em favor da delimitação dos espaços profissionais do professorado paulista. Embora haja um certo discurso destinado a enaltecer as novas lideranças e o "novo sindicalismo" surgidos no limiar dos anos 80, a tradição de luta dos professores, pelo menos no que diz respeito a São Paulo, como já foi demonstrado (Catani, 1989), vem de fato do início do processo de autonomização do campo educacional.

Há boas razões pelas quais essas duas entidades respondem aos propósitos deste estudo: sabe-se que as instituições ou agentes concorrentes de um determinado campo possuem pesos diferenciais, variando de acordo com o volume de capital simbólico institucional ou pessoalmente acumulado ao longo da história ou de uma trajetória. As instituições ou agentes possuidores de maior volume de capital simbólico comandam o espectro de todas as tomadas de posição sobre a totalidade dos móveis de luta do campo. Os demais agentes e instituições relacionalmente portadores de menor volume de capital simbólico estão condenados a referir-se aos móveis – objetos, linguagem, termos, valores – licitamente impostos pelas instituições mais legítimas, ou seja, estão sujeitos a um alinhamento um tanto automático, de certa forma subalterno com as práticas e retóricas dos agentes e instituições situados no pólo dominante do campo. Razão pela qual seria supérfluo, para os propósitos deste estudo, a inclusão de outras entidades, tão legítimas quanto as escolhidas, mas certamente menos representativas e, por conseguinte, com menor poder de imposição dos arbitrários mais legítimos (opiniões, palavras de ordem, táticas de luta).

A década de 1980

Justifica-se também a escolha do período coberto por este trabalho: já foi demonstrado que a década de 1980 foi, em termos salariais, a pior para o magistério paulista desde 1963 (cf. Klein, 1991). É bastante provável que tenha sido a pior década salarial da história do magistério paulista. Além disso, esse período (época de redemocratização, anos de instabilidade e de rearranjo das forças sociais) trouxe à tona expectativas políticas e demandas profissionais há muito reprimidas, sendo em grande parte caracterizado "pelo contraste entre uma participação corporativa crescente (que exponenciaria a demanda) e uma decrescente capacidade de processamento e decisão por parte do sistema político" (Nogueira, Marco A., 1998, p.112). Do desmanche político e moral do último governo militar ao desfecho da década com a Constituição de 1988, os dias foram "carregados de promessas, incertezas e dificuldades" (p.113). A conjunção de demandas corporativas e participação política faz dessa década um privilegiado laboratório para a análise dos valores em estado prático dos professores do ensino paulista.

As fontes

As fontes de que aqui se lança mão com o propósito de apreender os valores em estado prático dos professores e seus mecanismos de disseminação, bem como suas condições de produção, são sobretudo a imprensa periódica das associações e outras publicações das entidades, como panfletos, manifestos, circulares e cadernos de formação sindical.

As fontes primárias utilizadas neste estudo foram:

• *Jornal dos Professores*, órgão oficial do CPP, doravante *JP*. Deste periódico bimensal, regular em todo o período, foram consultados 83 exemplares, do número 166, de fevereiro de 1980, ao 249, de novembro de 1990;

• *Apeoesp em Notícias*, órgão oficial da Apeoesp, doravante *AN*. Deste periódico, irregular até o começo dos anos 80 e mensal a partir do número editado em agosto de 1981 (com exceção de periódicos números duplos), foram consultados 104 exemplares, do número 73, de março de 1979, ao 169, de dezembro de 1990 - janeiro de 1991;

• Documentos diversos – panfletos de greve, circulares, entre outros – do arquivo Ronaldo Nicolai, da Apeoesp; documentos internos da entidade – como textos de formação sindical, teses de congressos –; e a *Revista de Educação*, publicação teórica da Apeoesp, do número 0, de março de 1985, ao 5, de outubro de 1990.

Citar-se-iam duas razões para a utilização da imprensa periódica das entidades como fonte de pesquisa. Primeiro porque a imprensa periódica é uma publicação educacional especializada, logo, capaz de refletir, segundo um ponto de vista interno, as diversas posições do campo; isso a torna uma "instância privilegiada para a compreensão do funcionamento do campo educacional" (Catani, 1994, p.46). Segundo porque o estudo incide sobre uma dimensão pouco conhecida da cultura educacional, qual seja, os valores em estado prático, as estratégias de distinção social e profissional, os esquemas de percepção e apreciação socialmente disponíveis acionados pelos agentes do magistério para julgar, classificar e ser classificado, celebrar as figuras, fixar os vultos morais e eleger e transmitir os padrões de comportamento profissional legítimos do magistério. Pois são "justamente esses aspectos pouco explorados até o momento [...] que se apreendem de maneira farta nos periódicos" (idem). Em especial, há um particular interesse na utilização de uma fonte, o *Jornal dos Professores*, pois esse periódico realizou no período

> o que Bourdieu denominou "hagiografia do campo", publicando breves descrições da carreira de professores em atividade, nas quais eram exaltadas suas qualidades morais e profissionais, bem como biografias de velhos mestres ou de professores falecidos, tidos como exemplos a serem seguidos pelo magistério em geral. (Catani, Vicentini, Lugli, 1997, p.85-6)

A utilização de outras publicações das entidades e do Movimento de Professores – panfletos, circulares, manifestos – deve-se ao fato de constituírem documentos em geral de afirmação ou negação, produzidos no calor das lutas, "a quente", logo, não protegidos das censuras acionadas pelos discursos "em forma". Esses documentos apresentam-se também como foros bastante privilegiados para a apreensão dos esquemas de classificação e dos mecanismos acionados pelos agentes do magistério nas suas estratégias de valoração e distinção. Os textos de formação sindical, teses de congressos e a *Revista de Educação* da Apeoesp, como uma espécie de contraponto às demais fontes, foram proveitosos por expor os esforços formais, racionalmente codificados, de sistematização, consagração e disseminação de valores.

A exclusão da imprensa diária

Embora seja pertinente utilizar a imprensa profana impressa como fonte de informações relativas às experiências vividas por professores e professoras, e mesmo que aí possam ser apreendidas as representações sobre estes feitas pelos poderes externos ao campo educacional, particularmente pelo próprio campo jornalístico, esse tipo de fonte não será utilizada neste estudo, não obstante faça-se no capítulo 5 uma breve análise das relações entre as entidades e a imprensa cotidiana.

Há boas razões para essa exclusão: sabe-se que os acontecimentos noticiados pela imprensa sofrem "um verdadeiro trabalho de construção que depende muito amplamente dos interesses próprios a esse setor de atividade" (Champagne, 1993, p.95). Em decorrência da lógica da produção jornalística, inteiramente comandada pela maximização dos índices de audiência e vendagem, os acontecimentos dignos de legitimação pela mídia são submetidos a "uma apresentação e uma representação dos problemas que põem acento sobre o extraordinário" (p.105), visto que, aos olhos da mídia, o banal não vende, não causa "sensação", como antecipou Poe antes da invenção da sociologia[1]. Ora, este estudo debruça-se sobre objetos situados numa hierarquia tal que estão longe de ser extraordinários do ponto de vista jornalístico. São, antes, daqueles objetos que um jornalista não "veria", deixaria passar porque seus interesses propriamente jornalísticos condicionariam seu olhar para coisas e fatos susceptíveis de ser modelados a fim de causar impacto. Isto posto, e dado que a construção jornalística do fato social afeta diretamente a percepção que se tem do próprio fato, a partir da localização da notícia no órgão de imprensa, da forma da manchete, dos interesses jornalísticos em jogo, a partir das pressões pelo "furo" e das pressões decorrentes da vendagem, construção cujo alcance na "opinião pública"

---

[1] "Devemos ter em mente", escreve Edgar Allan Poe em "O mistério de Marie Roget", obra de 1843, "que, em geral, nossos jornalistas procuram antes impressionar os leitores – causar sensação – do que trabalhar pela causa da verdade. Este último objetivo só é seguido quando acontece de coincidir com o primeiro". Sobre os critérios de definição da pauta jornalística e as notícias de assuntos educacionais, cf. Costa, 1995.

depende do peso relativo do órgão no campo jornalístico, a inclusão da imprensa diária só faria sentido, no âmbito deste estudo, se fosse precedida por um trabalho de construção do campo jornalístico paulista à época e de uma abordagem científica do senso comum jornalístico, o que certamente deslocaria os objetos em análise e ampliaria indesejavelmente os limites deste trabalho.

Hierarquia dos objetos

O que se vai analisar nas fontes consultadas, conquanto não exclusivamente, são objetos classificados pela tradição acadêmica de menores. São realmente coisas pequenas: necrológios, cartas de anônimas "professorinhas" do interior, notas de sedes regionais das entidades, panfletos de greve, manifestações escritas de escolas, discursos em solenidades, reclamações – geralmente sobre a miséria funcional da profissão – protestos, desabafos e agradecimentos. Se não chegam a ser coisas marginais, são seguramente laterais. Com efeito, aos olhos de uma tradição acostumada a estudar e valorizar temas como estado, capitalismo, hegemonia, trabalho, globalização, neoliberalismo, políticas públicas, legislação, quando não alfabetização, avaliação, disciplina, planejamento e outros, certamente não haverá objeto mais insignificante do que o excerto de correspondência a seguir:

> Num dos meus ocasionais momentos de desânimo (não tão raros atualmente) resolvo fazer alguma coisa. Na falta e impossibilidade de coisa melhor, escrevo. Sou "professor I", apesar de feminina [...] Durante 12 anos fiz todo o possível para me remover para perto de casa. Tenho 4 filhos, criados com "mãe longe" [...] Já andei, diariamente, 140 km para lecionar, e o fazia contente, certa, como até hoje, de ter servido a Deus, à pátria, ao meu próximo [...] Acho que meus 35 anos estão, no entanto, começando a pesar.

Estou ficando indignada! Será isso ruim? (*JP*, n.173, out. 1980, p.3)

Embora objeto menor para a tradição, não é possível deixar de observar o rico pretexto para uma pesquisa sobre as ambigüidades nas referências ao gênero (professor, apesar de feminina), sobre as disposições humildes que antecipam práticas renunciadoras (na falta e impossibilidade de coisa melhor), sobre a miséria de condição de uma funcionária colocada nos postos mais baixos das escalas funcionais (140 quilômetros diários para lecionar, 35 anos começando a pesar) e sobre o etos missionário de uma profissão pertencente ao prestigioso universo da produção simbólica, mas de baixos retornos tanto materiais quanto simbólicos (servir a Deus, à pátria, ao próximo). Ao classificar esses objetos como menores, a tradição acadêmica reproduz um impensado que constitui, no final das contas, um poderoso obstáculo epistemológico à pesquisa científica, qual seja, a hierarquização dos objetos a partir da imposição arbitrária dos temas de pesquisa pelos grupos e agentes colocados nas posições dominantes do campo, independentemente do processo de construção do objeto. "Não é o objeto que designa a precisão", observa Bachelard (1995, p.126), "é o método".

A tradição acadêmica, que é afinal o sedimento histórico da estrutura do campo, nunca meditou suficientemente sobre a seguinte afirmação de Bourdieu (1998a, p.36):

> Os trabalhos (cientificamente) mais importantes sobre os objetos mais "insignificantes" têm poucas oportunidades de ter, aos olhos daqueles que interiorizaram o sistema de classificação em vigor, tanto valor quanto os trabalhos mais insignificantes (cientificamente) sobre os objetos mais "importantes" que, com freqüência, são igualmente os mais insignificantes, isto é, os mais anódinos.

Desse modo, neste estudo corre-se o risco calculado dos escassos ganhos agregados aos objetos ínfimos, embora evidentemente sejam assumidas todas as responsabilidades pela sua adequada transfiguração científica. Talvez possa-se dizer que a aposta é similar àquela da boa literatura, condensada na fórmula de Flaubert, tão estudado por Bourdieu: "pintar bem o medíocre", investimento oposto ao da subliteratura, "pintar mal o extraordinário".

Os objetos

Para ser um pouco mais claro sobre os objetos deste estudo, pode-se perguntar sobre as disposições invisíveis que subjazem às regras mais comezinhas de etiqueta, por exemplo. O que é importante para uma pessoa, a ponto de ser um valor – e que comanda de forma imperceptivelmente coativa seu gesto – que a faz bater educadamente numa porta pedindo permissão para entrar ou saudar um rosto conhecido, dar a vez a um idoso ou falar em tom menor em ambientes discretos ou com alarde no ruidoso botequim da esquina? É muito provável que o comando para os gestos mais corriqueiros, espontâneos e reiterados de boa educação não venha necessariamente de um manual de etiqueta, embora isso sempre ajude, nem de um plano conscientemente perpetrado de aparentar aos outros boa educação; ou de um *a priori* que, algo como um imperativo kantiano, faz o agente deliberadamente bem ou mal-educado, conforme o caso e talvez à interpretação cultural dada à ação. As poses, os gestos estudados de boa educação, o verniz, os esforços conscientes do novato lançado num mundo cujas regras ainda não foram suficientemente incorporadas por ele, como todos já tivemos alguma vez ocasião de presenciar, cedo ou tarde são traídos por espontaneidades a custo reprimidas e disfarçadas.

Em contrapartida, o "à vontade" do indivíduo que se apropriou das regras de bom-tom e de etiqueta do seu grupo é tão sistematicamente praticado que sugere uma "naturalização", por assim dizer, uma entrada da cultura no corpo, uma introjeção por meio de um longo aprendizado, doce e sutil, não deixando porém de ser menos coativo[2]. Ampliando o exemplo e alcançando o que de fato importa de perto, este estudo estará com as atenções voltadas para coisas tão simples e ao mesmo tempo tão nebulosas como as disposições que comandam o fato de um professor de uma obscura escola interiorana ser valorizado por sua bondade, pairando no entanto completo silêncio sobre seus conhecimentos e competências específicas, propriamente pedagógicas. Este é o exemplo de um daqueles objetos "crepusculares" da ciência, que não se pode ver com muita clareza, pois do contrário somem, sobre os quais gostava de discorrer o professor Mario Schenberg (1998). Mas é algo que precisa e pode ser apreendido pela objetivação científica, embora esta, nos casos de objetos crepusculares das ciências sociais, se aproxime talvez, em sua estrutura narrativa, da fabulação de um Faulkner ou de uma Virginia Wolf, escritores que Bourdieu aprecia mencionar.

É desse universo que trata este estudo. Que não se espere encontrar aqui os valores que Jorge Semprun descreve em algum lugar como "incisivos como a espada dos anjos exterminadores". Não se falará, portanto, do Bom e

---

[2] O cuidado de si, os costumes à mesa, o repouso, as atividades físicas (nadar, correr, saltar), as variações das atividades físicas conforme a idade e o sexo (hidroginástica para as mulheres, aeróbica para o público jovem), as posições sexuais, etc., são técnicas do corpo socialmente impostas ao indivíduo, naturalizações da cultura nos corpos, "atos mais ou menos habituais e mais ou menos antigos na vida do indivíduo e na história da sociedade" (Mauss, 1995b, p.384). Segundo Mauss, a maior parte dessas técnicas é ensinada e transmitida "por uma multidão de atos inobservados".

do Belo, da Justiça, da Fraternidade, da Virtude, da Liberdade e da Democracia. Abordar-se-ão os valores práticos, os interesses, a *libido* profissional dos professores – uma dinâmica pulsional de origem não necessariamente sexual –, o que prende ao jogo como algo suscetível de ser valorizado, o que dá sentido aos móveis e às apostas, e também, segundo uma homologia da qual se falará a seguir, as posições sociais a partir das quais os valores práticos partilhados por professores são enunciados e vividos. O que se pretende é lançar luz sobre a alquimia social possibilitadora do funcionamento de uma profissão de baixo retorno tanto simbólico quanto material. Seguindo a sugestão da epígrafe de Norbert Elias (1995, p.49-50), abordar-se-ão as servidões – nunca voluntárias nem tampouco impostas por alguma vontade malsã suprema, geralmente, segundo parte de nossa literatura educacional, encarnada na figura litúrgica do Estado – a que professores e professoras estão sujeitos pelo simples fato de partilharem determinado cenário de valores. Serão analisadas as servidões ambíguas, misto de imposição e concordância, de dominação e dominância, às quais os agentes estão submetidos por partilharem um conjunto de valores também ambíguos, oscilantes entre os pólos da vocação ou da profissão, do interesse ou do desinteresse, do idealismo-renúncia ou da ambição, produzidos em posições da estrutura social igualmente ambíguas, estas em geral desprestigiadas de um mundo sobremodo prestigioso, o do simbólico.

Nota-se que os valores não adquirem aqui nem uma conotação positiva, nem uma negativa. A perspectiva adotada é a analítica, não a normativa. Assim sendo, não se pode esperar que este estudo se pronuncie sobre quais valores são os mais adequados à docência, quais os mais "progressistas" ou mais "reacionários", os que são "pelegos" e os "autênticos". Também não é de esperar que se faça uma prospecção sobre os valores futuros do magistério paulista.

Tampouco se pode almejar discussões teóricas, epistemológicas e filosóficas, muitas vezes proveitosas em outros contextos, sobre o sentido ou os sentidos dos valores. Estes não são estudados por si mesmos nem em si mesmos; embora produzidos por um campo relativamente autônomo, logo, dotado de uma lógica própria de produzir valores autônomos, o interesse que os valores despertam diz respeito ao auxílio que podem prestar na tarefa de iluminar as práticas dos agentes do magistério paulista e suas implicações com os mecanismos de reprodução das estruturas sociais.

Práticas e estratégias de distinção

Em outras palavras, este estudo faz uma opção inseparavelmente teórica e prática. Pretende-se contribuir de algum modo e em certos limites para a apreensão da economia geral das práticas dos agentes do magistério. E há boas razões para isso. Por exemplo, a apreensão da economia das práticas pode lançar luz sobre os inúmeros recursos que os agentes localizados em posições sociais dominadas, e sobretudo ambíguas, como é o caso dos professores, utilizam como expedientes de enobrecimento, justificação e conhecimento e reconhecimento mútuo. Pode também revelar os eufemismos utilizados para cristalizar as distinções simbólicas no interior do campo educacional, como as carreiras estão condicionadas aos capitais dos agentes e as formas específicas pelas quais se dão as lutas em torno dos móveis e interesses legítimos de um campo reconhecidamente de baixa rentabilidade econômica e simbólica, como já se disse.

Por oposição às formas de pensamento corporativo, que muitas vezes habitam a análise educacional e que resistem o quanto podem à objetivação científica e ao desencantamento proporcionado por esta, a análise da economia das práticas, sem nenhuma concessão a todas as modalidades de populismo, pode mostrar como são duras as clivagens sociais e as hierarquias profissionais, bem como são fortes e elevadas as barreiras de gênero no interior do professorado. Por oposição ao "pensamento de Estado", condicionado a observar a sociedade e o Estado a partir das categorias sociais produzidas e sancionadas por este (cf. Bourdieu, 1996, p.101) e mais inclinado a ver nos agentes do magistério as vítimas resistentes ou passivas da ação do Estado, a análise da economia das práticas pode igualmente desvendar como e em que medida as estratégias de distinção dos grupos sociais – alocados em melhores ou piores posições relativas ao campo do poder, conseqüentemente, com maiores ou menores trunfos na luta pelos capitais simbólicos e econômicos em jogo – comandam a distribuição, pelo Estado, dos recursos públicos disponíveis, efeito de duplicação e legitimação estatais das estratégias de distinção dos grupos sociais.

Enfim, podem revelar as estratégias utilizadas pelos agentes do magistério para adaptarem-se (num processo, para utilizar uma expressão de Bourdieu, de "cumplicidade ontológica") a uma profissão socialmente reconhecida como desvalorizada e desqualificada, resposta possível às estratégias de relegação impostas ao magistério pelos agentes alocados em posições sociais relativamente favorecidas, estratégias essas apenas duplicadas, como já se disse, pelas políticas do Estado.

Valores e coação social

Os valores formam, para cada sociedade, no tempo e no espaço (segue-se o mote da epígrafe de Elias), uma cadeia de liames que submete a todos, e acrescente-se, com a força coativa dos fatos sociais – de acordo com Durkheim. Mesmo os valores mais nobres e livres, até os mais sagrados, os aparentemente mais irredutíveis às condições sociais de produção, incluindo os valores que proclamam justamente o fim das servidões e de todas as formas de vínculos e necessidades, são também produzidos a partir de certas posições sociais (afinal, os agentes não são sem raízes), e, por meio das relações entre os agentes, agem sobre estes, pondo-lhes limites ou libertando-os. "Nenhum ser humano normalmente constituído", escreve Norbert Elias (1995, p.50), "aceita a opinião que tem de si próprio e dos valores que preza se não a vê confirmada na forma como é tratado pelos outros." Mas uma pessoa normalmente constituída não espera, naturalmente, a confirmação de seus valores pelo comportamento de quaisquer outros indivíduos. De fato, se os valores, mesmo os mais livres, coagem, é preciso acrescentar que não o fazem de maneira uniforme e indistinta sobre todas as pessoas. Há uma correspondência entre estruturas sociais e julgamentos de valor, ou ainda, entre posições sociais e tomadas de posição na forma de juízos, classificações e valorizações. O pudor que impede alguém de expor seus sentimentos mais íntimos em público pode não acionar um comportamento análogo em outro alguém. Isso ilustra, embora rapidamente e com alguma liberdade, a dificuldade que há na construção prática de uma elaboração teórica, "no papel" – a classe social – cuja existência, segundo Bourdieu, só se dá no limite das aproximações conjunturais de agentes em posições sociais semelhantes.

Filiações teóricas

Este estudo segue um perfil e possui filiações que precisam ser agora explicitados. Inicialmente, ao menos essa é sua motivação originária, tem um perfil cumulativo. Como se sabe, a originalidade é um critério de classificação oriundo da filosofia, muito possivelmente nocivo à ciência e em geral só sustentado pela ignorância dos outros: aqui não há, portanto, nenhuma pretensão à originalidade. Outro ingrediente do perfil deste estudo diz respeito à tentativa de ultrapassar as dicotomias "ruinosas" (Bourdieu) que assolam as ciências sociais e opõem o objetivismo ao subjetivismo, a história internalista à história externalista, oposições que, na análise educacional brasileira, causam devastações ponderáveis.

Pretende-se apreender a economia dos jogos simbólicos praticados pelos membros do magistério paulista nos anos 80 sem, no entanto, ceder às polaridades fabricadas pelo senso comum pedagógico – algumas fizeram época – opondo o professor ao cidadão, a competência pedagógica ao compromisso político, a prática profissional ao ativismo sindical. Ou seja, pretende-se, por meio da construção de uma configuração possível do magistério oficial paulista como um "sistema estruturado das práticas e expressões dos agentes" (Bourdieu), ultrapassar as oposições entre as análises interna e externa da educação, mais inclinadas a considerar, de forma unilateral, respectivamente, a autonomia das práticas dos agentes educacionais, por um lado, e os fatores condicionantes que compõem o chamado "contexto social", particularmente os econômicos, por outro.

O *modus operandi* da teoria que o autor aciona em objetos empíricos dispensa o famoso e às vezes inútil "capítulo teórico-metodológico". Os conceitos e demais recursos mobilizados só fazem sentido quando inseridos na própria operação de construção dos objetos de pesquisa. Separados, destacados do corpo de provas e da argumentação analítica empreendida, são peças mortas, "monstruosidades pseudocientíficas" que, segundo Bachelard (1995, p.40), precisariam ser psicanalisadas pela cultura científica. O lugar adequado da teoria, portanto, é na construção dos objetos.

No âmbito da filiação, o leitor perceberá que a maior dívida é para com a obra de Pierre Bourdieu e colaboradores. Na produção educacional brasileira há uma longa e proveitosa lista de trabalhos que antecederam a este – uns excelentes, outros indispensáveis, outros bastante problemáticos (mas de todo modo exemplares pela relação descontrolada do autor ou autora com o objeto de pesquisa) –, e todos, na sua medida, auxiliaram na fabricação deste trabalho. Convém mencionar que tanto a economia das práticas do magistério desenvolvida por Denice Catani (1989) quanto os insistentes e certeiros retornos de Nilson José Machado (1995; 1997; 2000) à questão dos valores na educação inspiraram diretamente o formato e a escolha do tema deste estudo. Da produção brasileira na área de sociologia dos campos simbólicos, em geral, e de sociologia da educação, em particular, este estudo deve sobretudo aos trabalhos brilhantes e sob muitos aspectos pioneiros de Sérgio Miceli (1972; 1977; 1979), Luiz Pereira (1967; 1969) e Aparecida Joly Gouveia (1970).

* * *

Antes de concluir, e para que se saiba desde o início, é preciso inserir aqui a seguinte observação, semelhante à feita por Sérgio Miceli em *A noite da madrinha*: em nenhum momento este estudo pode ser interpretado como crítica às entidades do professorado e às suas lideranças. O autor gostaria de deixar registrado o seu respeito e simpatia pelos protagonistas das lutas do magistério paulista – os conhecidos e os anônimos –, numa época seguramente muito difícil, quando então tiveram de "arrostar óbices" tanto para fazer valer direitos quanto para resgatar ou firmar a dignidade de um ofício. E há bons motivos para o cultivo desses sentimentos: o respeito, diz o *Talmud*, é o "início" do conhecimento. E quando se trata de analisar iguais, diz Bachelard (1998, p.12), a simpatia é a "base" do método.

Parte I
Problemas e posições

1

O magistério e a percepção de seus problemas

A forma pela qual os problemas, sobretudo os salariais, de uma determinada categoria profissional são percebidos pelos agentes, tanto os que a compõem quanto os de fora, depende do prestígio da corporação e de sua posição relativa ao campo do poder (cf. Lenoir, 1993, p.422). Ou seja, o maior ou menor volume de capital simbólico comanda diretamente as explicações e os termos utilizados para dar conta dos problemas e dificuldades pelos quais passa a categoria, bem como as estratégias a ser eventualmente utilizadas para enfrentá-los. Desse modo, quanto maior o volume de capital simbólico de uma categoria, mais as explicações para os problemas tendem a assumir termos genéricos e maiores as disponibilidades dos poderes em resolvê-los. Como exemplo tome-se a identificação amiúde feita entre as questões salariais da magistratura e a "crise da lei", assim como as estratégias jurídicas e políticas utilizadas para solucioná-las, invariavelmente com o oneroso concurso do legislativo e executivo e quase nunca fazendo uso de confrontos que seriam interpretados por todos como "crise entre os poderes", logo crise inaceitável de toda a ordem jurídica sobre a qual está edificado o Estado de direito, o que certamente confere ao campo jurídico enorme poder de barganha.

No pólo oposto das posições sociais, quanto menor o volume de capital simbólico, mais os problemas assumem feição nitidamente particular. É o caso dos operários, cujas reivindicações estão condenadas a ser percebidas pelos agentes e traduzidas nos discursos como estritamente salariais, ou seja, grosseiramente materiais, e cujas estratégias de reivindicação e poder de barganha estão condicionados pelo estado das relações de força entre capitalistas e trabalhadores, ou seja, quanto à sua configuração ideal-típica defendida pelo liberalismo, sem a ingerência de poderes externos ao mercado, exceção feita à Justiça do Trabalho (ou similar), observadora à distância do cumprimento dos dispositivos jurídicos que regulam os conflitos. Além disso, em campos altamente diferenciados os problemas são percebidos pelos agentes a partir da posição ocupada no interior do próprio campo.

As hierarquias profissionais, assentadas em clivagens de competências e juridicamente sancionadas, desempenham papel decisivo quanto à percepção dos agentes das dificuldades profissionais enfrentadas em determinadas circunstâncias. Assim, no campo jurídico, além de as questões salariais poderem, como exemplificado, ser percebidas sob o signo da generalidade, como crise da lei, também são percebidas diferencialmente pelas diversas camadas socioprofissionais que compõem o campo. Juízes de primeira entrância e desembargadores provavelmente estarão inclinados a usar termos diversos para os eventuais problemas salariais da magistratura.

A "miséria de posição" do magistério

Os agentes do magistério oficial, como categoria profissional dominada, funcionários do Estado e profissionais do simbólico, estão condenados à ambigüidade na abordagem de suas dificuldades materiais e simbólicas. A consulta ao material empírico permite observar duas vertentes justapostas no discurso: como categoria dominada, um tanto profissionalizada, mal remunerada e, durante o período aqui analisado, em acentuado processo de pauperização, está inclinada a ressaltar as reivindicações estritamente salariais, razão pela qual em época de arrocho e carestia as atenções da categoria tendem a concentrar-se nesse pólo. Como funcionários do Estado, componentes de uma pequena nobreza estatutária declinante, e como agentes do campo simbólico, universo sem dúvida prestigioso e prestigiado, estão inclinados a apresentar suas dificuldades em termos que evoquem algo "digno e sério" e seus interesses corporativos como questão "de justiça" e interesses gerais de toda a sociedade, o que explica os recorrentes ítens genéricos em suas pautas reivindicatórias. Além disso, a posição ocupada, "em falso" e ambígua, condiciona inteiramente as estratégias de luta, bem como as expectativas subjetivas e as chances objetivas de êxito nas suas reivindicações, condicionamento este exponenciado pelas condições sociais e políticas muito particulares da década de 1980, como se verá a seguir.

Coagida, ora a "pedir", transigir, negociar sempre os mesmos ítens quase nunca atendidos[3], dentre os quais achatamentos e defasagens salariais, a respeito dos quais com freqüência alega-se falta de recursos e orçamentos não flexíveis[4], ora a empreender movimentos, embora às vezes com a adesão majoritária de seus membros, voltados a becos sem saída, mesmo quando ao final destes derrotas são eufemizadas pela proclamação da obtenção de lucros

---

[3] "Todos os anos, sem nenhuma necessidade senão a de mantermos o costume que já se torna tradição de ficarmos eternamente às voltas com os mesmos problemas, que se repetem até a exaustão [...]" (*JP*, n.177, abr. 1981, p.3); "1989 – Nada mudou para o magistério", título de matéria no *JP* (n.235, jan. 1989, p.3).

[4] "Partindo do princípio de que os governantes em geral se queixam da falta de recursos [...] o professorado está entre a perplexidade, a desconfiança e o desapontamento" (*JP*, n.191, abr. 1983, p.5).

organizacionais às vezes muito vagos[5], a categoria do magistério oficial parece destinada à "miséria de posição", isto é, à experiência de vivenciar uma "posição obscura e inferior de um universo prestigioso e privilegiado, experiência sem dúvida tanto mais dolorosa quanto mais este universo está situado no mais alto do espaço global" (Bourdieu, 1993b, p.16).

Miséria de posição – Miséria de condição

> As posições em falso do intermédio social são estruturalmente propícias ao desenvolvimento de uma forma de sofrimento que se pode qualificar de *miséria de posição*, para a distinguir da *miséria de condição*, que é a forma de miséria mais imediatamente visível e, é o caso de mencionar, a mais clássica, pois que está ligada à condição de classe. A miséria de condição é a miséria negra, massacrante dos pobres, a miséria freqüentemente horrível e degradante dos *Miseráveis* descritos por Hugo [...] Mas ao lado dessa miséria [...] existe uma outra forma ligada não ao pertencimento a uma categoria social situada no mais baixo da estrutura das classes sociais, mas à ocupação de uma posição dominada em um espaço social que, considerado globalmente, pode situar-se bem alto na hierarquia do prestígio social e dos ganhos que dele decorrem. Os agentes das classes médias são particularmente condenados a ocupar posições desse tipo. [...] Pode-se dizer, desse ponto de vista, que as classes médias são, nas sociedades como a nossa, universos altamente ansiogênicos, capazes de engendrar verdadeiras patologias de reconhecimento social, que resume a expressão *miséria de posição*. (Accardo, 1997, p.189-90)

Os documentos internos e as matérias dos periódicos das Associações do magistério permitem apreender as aflições e desgostos dessa

---

[5] "Insatisfação, combatividade e resistência, um trinômio perfeito conjugado pelo magistério público de São Paulo. [...] Não obstante esses pequenos avanços e estreitas conquistas, é preciso que tenhamos claro que desenvolvemos um processo de resistência" (*AN*, n.147, maio, 1988, p.3).

experiência dolorosa, vivida como drama coletivo. Vencimentos percebidos como derrisórios, locais de trabalho denunciados como degradados e condições de trabalho, como degradantes; a autopercepção de "abandonados" do Estado, acompanhada de uma apreensiva e incerta relação com o futuro, que desautoriza qualquer outra expectativa senão a continuidade da vida áspera e humilde; o sentimento de impotência advindo da descoberta empírica, pelos reveses sofridos, de situar-se numa posição submetida a uma dominação tríplice (no universo simbólico, em relação ao campo do poder e na qualidade de ocupação feminina); a frustração decorrente dos reduzidos retornos simbólicos e econômicos da profissão, após investimentos em geral arduamente realizados e suportados, ao lado da projeção da representação segundo a qual a profissão é socialmente importante e nobre, tudo isso está no âmago da experiência de despossessão econômica e cultural vivenciada pelos membros do magistério paulista, experiência tanto mais insuportável quanto maiores as ilusões e esperanças suscitadas pela instituição escolar.

Os professores e professoras do ensino primário, além da ansiogenia anteriormente referida, sofreram ainda o peso de condições de trabalho que de modo algum poderiam ser consideradas satisfatórias. Em pesquisa por questionário sobre população-alvo de 56 professores e professoras de 8ªˢ séries de escolas públicas de 1º grau de São Carlos, realizada nos anos de 1987 e 1989, coligiram-se informações a respeito da percepção dos agentes sobre suas condições e relações de trabalho (Pucci, Oliveira, Squissardi, 1991). Segundo os autores, 78% dos entrevistados informaram que o trabalho docente envolve "fadiga muscular e nervosa". Os entrevistados apontaram as seguintes justificativas para o cansaço: "prolongada jornada de trabalho, desvalorização da profissão, não-reconhecimento pelo esforço despendido, falta de recursos materiais e didáticos, responsabilidade, baixo nível dos alunos" (p.99).

É proveitoso transcrever algumas das representações dos entrevistados sobre suas próprias condições de vida e as dos colegas: "a maioria vive precariamente, necessitando em muitos casos fazer bicos e muitos já estão partindo para outras atividades"; "vivem desanimados, sem perspectivas de melhorias, sem interesse"; "o professor vive estafado, correndo de uma escola para outra"; "não sobra tempo para ler, assistir a palestras ou mesmo atualizar-se no campo da educação"; "o professor anda desanimado até mesmo para festinhas"; "se sente abandonado e desatualizado perante a sociedade" (p.99).

Com relação à saúde, os agentes informaram sofrer: "estado depressivo, angústia, tensão, desânimo, dores de cabeça e estômago, cansaço físico e mental, noites mal dormidas, úlceras, gastrites, esgotamento nervoso, hipertensão arterial, problemas de coluna, velhice precoce" (p.99-100).

Sobre o poder aquisitivo, os entrevistados responderam não poder cobrir gastos com lazer (60%), revistas, jornais, livros (50%), escola para si e dependentes (47,5%), contribuição para associações (42,5%), compra de móveis e utilidades domésticas (52,5%), vestuário (37,5%), alimentação (35%) (p.101). 68% dos entrevistados declararam residir em bairros de classe média, 82,5% declararam morar em casa própria, quitada ou em pagamento, e 69% declararam habitar em moradias de sete cômodos ou mais "para famílias em geral compostas de 3 a 5 membros" (p.104).

Sobre a participação nas greves dos docentes durante os anos 80, 72,5% dos entrevistados declararam participação ativa. Sobre o resultado das greves, 44% o consideraram razoável e 56%, péssimo (p.102-3).

Insatisfeitos com os baixos índices dos reajustes salariais, os professores se mobilizam. Concentração defronte ao Palácio do Governo, em março de 1982.

Fotos: Arquivo do CPP

A perda das referências

Um dos ingredientes mais expressivos dessa experiência de despossessão é a perda das referências acumuladas no campo, padrões e valores que situavam os agentes do magistério no universo das profissões valorizadas como nobres e importantes (em resumo, e principalmente, em virtude do fato de o magistério encarregar-se da considerada nobre função de formar pessoas legitimamente credenciadas), autodepreciação da imagem que provavelmente contribui para uma relação encantada com o passado, povoada de imagens quase lendárias de bem-aventurança, nas quais, como se diz, o professor só estava abaixo do prefeito e do juiz de direito (cf. Pereira, 1969, p.173).

Eufemismo, os felizes tempos

Um sonho de outro dia trouxe-me muita saudade da época em que transcorreram os Anos Dourados, da década de 1950. [...] Na área do ensino, ainda havia ordem, disciplina, interesse e respeito dos alunos: os professores formavam-se na extraordinária Escola Normal, para o primário, e nas faculdades USP, em São Paulo, e PUC, em Campinas, para o secundário. Era bonito de ver a criançada dos Grupos Escolares e os adolescentes dos Ginásios e Colégios estaduais, decentemente uniformizados. O uniforme, obrigatório, nivelava pobres e ricos, além de contribuir para a economia, as roupas domingueiras a salvo dos estragos diários. [...] Foi a época da multiplicação dos ginásios [...] O Colégio Estadual Monsenhor Nora, de Mogi Mirim, para onde me removi, por concurso, no cargo de Vice-Diretor, [...] apesar da precariedade de instalações, a falha era recompensada pelo trabalho administrativo e a eficiência dos professores, idealistas. [...] Convidavam-se ilustres educadores e intelectuais para proferirem palestras. Entre a platéia estava sempre a consagrada poeta Ibrantina Cardona, a primeira mulher brasileira acadêmica, da Academia de Letras de Petrópolis, com vários livros publicados. [...] Década de 50, anos dourados sim, em que o país progredia e o dinheiro rendia tanto que pude comprar meu primeiro Fusca alemão. Mário Pires (diretor da EESG Vítor Meirelles, de Campinas). (*JP*, n.232, set./out. 1988, p.7)

Houve época, sobretudo lá pelos anos da década de 1930, "fausto" que se esgotaria nos anos 50, em que as normalistas foram muito cortejadas e os normalistas tinham sendas abertas, possibilidades, embora limitadas, de ascenso profissional e no serviço público em geral. Entretanto, as condições de trabalho eram tão ou mais ásperas que as do período aqui estudado – sobretudo para os agentes oriundos de famílias dotadas de reduzido capital social, incapazes, portanto, de "arranjar pistolão" para livrar seus herdeiros do estágio probatório em alguma escola isolada – e os salários só eram atraentes em razão da reduzida demanda de bens e serviços da época.

> A normalista recém formada [...] com cerca de 18 anos, tinha que sair da casas do pais, às vezes para bem longe. [...] A primeira escola, a primeira sala de aula, era, de maneira geral, em uma escola isolada, geralmente rural. A denominação de escola isolada definia muito bem a realidade dessas unidades educacionais. Era comum a escola só existir nos papéis da Secretaria de Educação. Ao chegar ao seu local de trabalho, a professora tinha que providenciar até mesmo o próprio espaço físico para o funcionamento da escola. Os locais que eram ocupados para essa finalidade eram os mais variados e inacreditáveis: celeiros, porões, depósitos, enfim, tudo servia para instalar uma sala de aula. A jovem normalista tinha também de procurar os alunos e garantir que eles tivessem uma freqüência regular. [...] Cabia ainda à professora providenciar os demais equipamentos necessários ao funcionamento da escola [...] (algumas vezes, essas despesas eram custeadas pela própria professora). (Ribeiro, 1990, p.92-3)

A seguir, trechos de relatórios de inspetores, extraídos do *Anuário* de 1935-36, que bem valem uma bela, porém terrível, página de descrição etnológica:

> Quer um exemplo típico de escola rural difícil? O da Escola Mixta de Barra do Turvo. Foi há pouco nomeada professora para ela. O que vai acontecer em fevereiro é fácil de prever. Posse em Itapetininga. Viagem de 165 km, em oito horas, de Itapetininga a Apiahy, num caminhão descoberto. Depois, 44 km a cavalo, em caminho mau, ou seja 11 horas, até Iporanga. Por fim, para chegar à Barra do Turvo, doze horas de trilho de cargueiro, em dorso de burro. [...] Arranca-se a moça na casa do caipira. A dona da casa, embora excelente pessoa, cozinha mal o seu feijão sem gordura; desconhece o asseio; pita e cospe o dia inteiro, para todos os lados. Destinam a professora um quarto esburacado, também depósito de arreios. (Estou reproduzindo um quadro real, que se repete, com variantes). Água difícil; ausência de instalações sanitárias. Certa estagiária, para poder alimentar-se, faz fogão à parte. Outra tem que resolver o seu caso com sardinhas e queijo. Algumas moças, quando voltam para casa, nas férias, a família mal as reconhece; perderam vários quilos de peso. Não poucas têm regressado tiritando de febre, pela maleita. [...] Certa mocinha, filha de modesto funcionário público, estudou com sacrifício na Escola Normal e se formou. Foi nomeada e, para não ficar só, levou a irmã. Não sabiam que a família que as hospedava era de leprosos. Hoje, estão as duas internadas. (*apud* Ribeiro, 1990, p.93-4)

Desde aqueles anos 30, etapa ainda pré-industrial da sociedade brasileira, e em seguida a esse período, a degradação econômica e social do magistério, e a do primário mais que a do secundário, continuaria em escala sempre crescente como "produto *espontâneo* do desenvolvimento da etapa urbano-industrial na sociedade de classes brasileira" (Pereira, 1969, p.188). Isso deve ser creditado, segundo Luiz Pereira, ao fato de o desenvolvimento urbano-industrial capitalista promover um estreitamento do diferencial – tanto material, expresso pelo nivelamento dos salários em bases sempre inferiores, quanto simbólico, expresso pelo desprestígio da profissão – entre ocupações assalariadas manuais e não-manuais. Esse é o processo invisível de indistinção e nivelamento que condenou o magistério a um crônico mal-estar social, processo exponenciado pelas estratégias de distinção dos grupos sociais que condenaram o professorado à condição de produtores e consumidores de bens culturais inferiores, isto é, pedagógicos, vulgarizados pelas rotinas didáticas[6]. Tripla degradação portanto: pelo

---

6 A desvalorização cultural da atividade pedagógica mereceria talvez um comentário adicional. No mundo da produção simbólica, o professor está para o intelectual criador assim como o padre está para o profeta. Ambas as carreiras, professor e padre, implicam o trabalho de sistematização e canonização para fins de inculcação. Nas estratégias de distinção esse trabalho é geralmente interpretado como banal. Bourdieu analisa esse tema em inúmeras passagens. Por exemplo, no escólio à proposição 4.1.1 de *A reprodução*: "A distinção medieval entre o *auctor*, que produz e professa 'extracotidianamente' obras originais, e o *lector*, que, encerrado no comentário reiterado e reiterável das autoridades, professa 'cotidianamente' uma mensagem que ele mesmo não produziu, exprime a verdade objetiva da prática professoral" (Bourdieu & Passeron, 1993, p.73). É ilustrativo um ponto de vista que de modo algum pode ser considerado ilegítimo: "Daí a necessidade de se considerarem os problemas específicos da formação do docente e do pesquisador. Isso não quer dizer que advogo a pedagogia como teoria geral do ensino e toda essa tranqueira de pseudo-ensinamentos didáticos que atormenta os alunos de licenciatura. Tal como são estruturados, os cursos de pedagogia e de didática precisam ser urgentemente fechados. [...] Fora alguns conceitos pescados em grandes autores, a tal de teoria pedagógica me parece consistir num monte de obviedades tratadas com a maior presunção" (Giannotti, 1986, p.36-7).

nivelamento profissional com os assalariados manuais, pela discriminação nem sempre sutil feita à própria atividade pedagógica, na sua qualidade de atividade propriamente cultural, e pelo "ferrete" de ocupação feminina.

Acrescente-se ainda o fator de desprestígio que atingiu particularmente o professorado público: a específica banalização e degradação do ensino público básico. Isto é, aos olhos dos que se encontram em condições de impor juízos de validação e valor, freqüentar uma escola pública básica passou a ser considerado uma credencial culturalmente desvalorizada, comum, posse de muitos, sobretudo dos pobres, e ao mesmo tempo a própria qualidade dos padrões de atendimento da escola pública básica, em decorrência de diversos fatores, decaiu em relação a décadas passadas (Fracalanza, 1999).

Efetivamente, tudo parece indicar que a extensão do acesso à escola, processo que no Brasil adquiriu velocidade vertiginosa a partir da década de 1970, foi acompanhada pela banalização e degradação dos bens oferecidos pela escola pública básica, cuja clientela, como se sabe, é composta majoritariamente de indivíduos de origens sociais modestas[7]. Não há propriamente "democratização" nesse processo de abertura de portas do sistema de ensino, mas uma translação das posições relativas: numa sociedade na qual os diplomas são raros, ou seja, em que a mortalidade escolar é precoce para a maioria dos agentes oriundos das posições mais baixas e mesmo das médias, a distinção cabe aos escassos diplomados, e numa sociedade extensamente diplomada a distinção cabe aos agentes cujos diplomas são mais valorizados (cf. Bourdieu & Champagne, 1993).

---

7 "Argumenta-se que a grande expansão do sistema de ensino público, sobretudo a partir dos anos 70, com a incorporação de grandes contingentes de alunos provenientes de famílias de baixa renda não foi acompanhada por modificações na estrutura escolar para a adaptação a essa nova clientela" (Fracalanza, 1999, p.113).

Como conseqüência, reduz-se o valor simbólico das credenciais dos agentes do magistério público e conserva-se o monopólio, por parte de alguns, da possessão de bens culturais raros obtidos nas boas escolas privadas e, em seguida, nas melhores universidades públicas brasileiras, ou, caso cada vez mais freqüente, nas melhores universidades privadas americanas. Estratégia para abolir na prática aquilo que é conquista de direito, anulando o efeito de compensação cultural que eventualmente a escola possa propiciar aos despossuídos.

Não é, portanto, de modo algum casual, embora dificilmente seja o produto de ações conscientemente perpetradas, que a desqualificação das credenciais simbólicas dos professores, traduzidas no discurso comum entre outras coisas como "queda do nível de ensino", ocorra simultaneamente à extensão do acesso ao sistema de ensino – "A proletarização do magistério aparece também como contrapartida de uma massificação da educação formal, resultado, em muitos casos, de movimentos em prol da democratização do acesso ao ensino secundário e superior" (Peralva, 1988, p.65) – e à feminização e proletarização do magistério, traduzindo-se essas condenações sociais uma nas outras como sinônimos.

Muito menos o resultado de uma ou outra política específica para a educação, como se é levado às vezes a acreditar ingenuamente por força da familiaridade com o mundo social, toda essa experiência aparece como uma das alternativas possíveis de uma das tendências mais marcantes das sociedades industriais contemporâneas, qual seja, a contradição

> de uma ordem social que tende doravante a dar tudo a todos, notadamente em matéria de consumo de bens materiais ou simbólicos, ou mesmo políticos, mas sob as espécies fictícias da aparência, do simulacro ou do

símile, como se fosse esse o único meio de reservar a alguns a possessão real e legítima desses bens exclusivos. (Bourdieu & Champagne, 1993, p.923)

A luta da Apeoesp durante os anos 80 por uma "escola única"[8], igualmente democrática para todos, sonho às vezes quase obsessivo e velho patrimônio da cultura educacional brasileira, iria chocar-se com liames sociais invisíveis porém muito poderosos, tanto mais poderosos quanto mais invisíveis: as estratégias de distinção dos grupos sociais. Na aparência tudo se passa como se essas estratégias não existissem, pois as estratégias mais eficazes são as não-ostensivas. Um nobre do Antigo Regime tudo faria para que sua fineza não fosse imediatamente exposta como tal, porque o homem verdadeiramente espirituoso é o que é sem aparentar sê-lo (cf. Elias, 1995). Nas sociedades urbano-industriais, seguir-se-á o fio da citação anterior de Bourdieu e Champagne, as estratégias de distinção são inseparáveis da apropriação de bens raros e exclusivos e, ao mesmo tempo, dado que os capitais são sempre relacionais, da desqualificação dos bens e propriedades dos outros, mormente dos situados nas posições mais baixas do espaço social, que nas lutas sociais são por definição portadores de bens vulgares, imitações. Extensível ao ensino, essa concorrência pelos capitais, como já se disse, implicou na ampliação horizontal do acesso à escola, resultado das demandas das camadas sociais mais desfavorecidas e, simultaneamente, na degradação da qualidade dos bens e serviços oferecidos, condenando os usuários do ensino público a uma formação cultural

---

8 "Eu acho que o objetivo da nossa escola deve ser o de assegurar a construção dessa escola nacional comum a todos, capaz de oferecer indistintamente a todos a base cultural e de conhecimentos instrumentáveis a que têm direito todos os cidadãos, independentemente do nível de riqueza, do estado, da região, da localidade e da família na qual a criança nasceu" (Paiva, 1985, p.4).

de qualidade inferior e, como conseqüência, à posse de símiles (produtos culturais de baixa qualidade utilizados como substituição de outros mais legítimos) e de fracas credenciais no mercado destas. Um indício da degradação acima aludida pode ser registrado de modo indireto nas disposições culturais do magistério. Condenados à posse de credenciais pouco valorizadas, professores e professoras também revelam-se à análise como consumidores de bens culturais desvalorizados (cf. Setton, 1989, 1994, e, embora menos sistematicamente, Almeida, 1991, e Kruppa, 1994).

Uma relação infeliz com a cultura

A um apartamento moderno, observa Bourdieu (1981, p.108), corresponde um morador moderno. Com efeito, prossegue a argumentação do sociólogo, o apartamento moderno é um espaço estruturado que contém a indicação de seu uso e, como tal, exige disposições culturais e recursos econômicos para a sua adequada habitação. Desprovidos de tais disposições e recursos, os locatários infelizes desses apartamentos transformam-nos em meros "locais de ocupação". A forma de responder à simples pergunta – o que colocar nas paredes? – revela não só se as disposições e os recursos correspondem à indicação do uso senão também as possíveis estratégias de distinção dos agentes e, por homologia, as posições ocupadas por estes no espaço social: se obra de arte ou reprodução, se pôster de John Lennon ou de Che Guevara, com o protocolar "hay que endurecer-se", moeda corrente entre os estudantes universitários radicalizados de classe média nos anos 80, se gravura de cavalo correndo no campo ou casinha de sapé numa curva de rio, se um piedoso coração de Jesus ou um orgulhoso retrato de colação de grau, ou simplesmente as paredes nuas dos que nem têm recursos nem disposições para decorar o que quer que seja, etc.

A pesquisa de Setton permite apreender a relação problemática dos membros do magistério com a cultura, como os infelizes locatários brevemente descritos acima. A autora detectou tanto

> uma maior preferência pelo consumo e pelos lazeres que se caracterizam por serem domésticos e que podem ser usufruídos, na maioria das vezes, de forma individual, e que oferecem pequenas oportunidades de gastos [... quanto] uma padronização genérica e uniforme cujo perfil básico constitui-se na

falta de um interesse específico entre os professores. O sincretismo e a homogeneização cultural parecem ser, neste caso, os responsáveis por este comportamento. (1994, p.76-7)

As ambigüidades da década

Produto da escola e para a escola, os membros do magistério oficial paulista foram moldados, por um lado, pelas aspirações de ascenso social inspiradas pela escola, aspirações tanto mais legítimas quanto mais se expandia a oferta de bens escolares, e, por outro, pelas sanções e seletividades escolares que os acantonaram numa posição desprestigiada de um universo prestigioso e prestigiado; sanções cuja brutalidade, como o mostram os estudos sobre a produção do fracasso escolar, é diretamente proporcional à despossessão cultural dos agentes. Pressionando, no sentido vertical ascendente, para realizar suas aspirações materiais e simbólicas e, no sentido vertical descendente, para manterem-se pelo menos nas mesmas posições (cf. Abramo, 1986, p.78), e pressionados por essas duas tenazes – ou seja, uma, pelas esperanças subjetivas acalentadas pelo discurso da democratização escolar e, outra, pelas decepções impostas pelas barreiras objetivas só raramente superadas –, os integrantes do magistério paulista viveram literalmente na pele a dura experiência da desvalorização salarial, da perda do amor-próprio e da queda-livre do prestígio profissional, isto é, do diploma e das credenciais simbólicas.

Por razões peculiares, essa experiência de despossessão é particularmente dramática nos anos 80. De fato, a década de 1980, como já se disse na introdução, foi em grande parte marcada pelo crescente hiato entre a forte mas insuficiente onda reivindicatória de praticamente todos os segmentos sociais – sobretudo o funcionalismo público, cujas demandas encontravam-se reprimidas há algum tempo, em especial os situados nas posições mais inferiores das hierarquias funcionais, que, como os membros do magistério público, eram os menos realistas, os mais esperançosos e os que sofriam mais duramente os efeitos da corrosão inflacionária – e as respostas insuficientes dos governos[9]. O sistema político oriundo da vitória das oposições nas eleições de 1982 – em dez dos 23 estados da União – e que culminaria na Nova República e na Constituição de 1988, não conseguiria atender às demandas da sociedade, nem as materiais nem a maioria das políticas, estas últimas mormente dos agentes situados nas posições médias do espaço social, o que em parte explica a radicalização na ordem das camadas médias durante os anos 80, em especial durante os anos de transição do regime militar para a ordem democrática, de 1978 a 1982.

Nessa situação, é factível supor que apenas os segmentos funcionais públicos mais bem alocados nos postos de poder conseguiriam, dado os seus trunfos, recompensas administrativas nos anos 80. Os demais segmentos, e o

---

9 Eram os mais esperançosos: "Menos de 8 meses nos separam do 15 de novembro. Um pouco mais de paciência e a manutenção daquela determinação férrea em operar mudanças no governo, nos levarão à vitória certa, vitória que será de toda a sociedade brasileira. [...] Um governo sincero, democrático [...] que não estabelece privilégios, terá sempre todo o crédito de confiança dos seus servidores e da população em geral. [...] Teremos todos a oportunidade, rara e única, de procurar esse governo." (*JP*, n.185, abr. 1982, p.4); "O fato político mais importante que temos pela frente são as eleições de 82. Nós, professores, não podemos ficar alheios e à margem desse processo. [...] 15 de novembro é o dia do acerto de contas nas urnas, de cobrança de parte do que o governo nos deve e nos tirou". (*AN*, s.n., out. 1982); "Assumirá o governo de São Paulo o Sr. Franco Montoro, respaldado em maciço apoio popular. Nada lhe será fácil. Receberá o Estado em péssimas condições, mas cremos que uma administração austera e criteriosa o recuperará em breve tempo, pois que, com prioridades bem definidas, fim das mordomias e do empreguismo, tudo rapidamente voltará aos seus devidos lugares" (*JP*, n.190, mar. 1983, p.4).

exemplo mais cabal é o do professorado público, cujas demandas, como já se disse, ou não eram satisfeitas pura e simplesmente ou o eram de modo parcial e insuficiente, estavam condenados a um permanente estresse reinvidicatório, que veio a contribuir em certa medida para alargar os limites da "transição possível", cujo modelo é a talvez generosa, porém impraticável e impraticada Constituição de 1988. Esta conseguiria a façanha de enfeixar todas as ambigüidades e contradições da década: avanço nos direitos políticos e sociais do indívduo, atraso no âmbito político-institucional, avanço nos direitos econômicos dos agentes historicamente mais desapossados, atraso nas regalias corporativas dos segmentos mais altos das hierarquias administrativas, etc., em suma, uma Carta que conseguiu a proeza de não se tornar "ideal para nenhum grupo nacional" (Nogueira, Marco A., 1998, p.159). Mas em que pesem todas as ambigüidades da década, certamente não é exagero afirmar que durante os anos 80 uma nova sociedade brasileira foi modelada: uma sociedade menos regulada – mais intensamente assalariada e dotada de maior competitividade partidária e mobilização sindical mais intensa (cf. Santos, 1985) – que presenciou a incorporação de novos agentes políticos aos já tradicionais, mesmo considerando a permanência da exclusão política de parcelas nada desprezíveis da sociedade, como os trabalhadores rurais, fato que viria a se alterar parcialmente nos anos 90, com os movimentos dos sem-terra, pela reforma agrária, etc.

O ingrediente mais sugestivo da incorporação ao jogo político de agentes com projetos diferenciados em relação aos inclusos na composição tradicional do poder (novas demandas materiais e simbólicas) é a proliferação de organizações corporativas de agentes ocupantes das posições médias do espaço das posições sociais, docentes de escolas e universidades, médicos, jornalistas, bancários, engenheiros, entre outros. É no âmbito desse processo, isto é, a incorporação ao jogo político de agentes tradicionalmente dele excluídos e a proliferação de entidades representativas de suas demandas materiais e simbólicas, que ocorre a virada de mesa na Apeoesp com a vitória da oposição nas eleições para a direção da entidade em 1979. Durante os anos 80, como já afirmado,

> a sociedade expandiu-se muito além dos limites previstos pelo processo de abertura política. A expansão dos grupos organizados e a incidência de episódios de ação coletiva são uma expressão da força dessa nova sociedade e sua progressiva democratização. (Boschi, 1987, p.163)

A lenta porém constante formação de um espaço social médio urbano no Brasil, ocupado por agentes menos tradicionalistas na política, nos costumes e na formação pessoal, com um leque mais amplo de opções profissionais e credenciados a sonhos mais ambiciosos, iria, nos anos 80, experimentar a sua faceta de visibilidade política verificada não somente na dimensão quantitativa dos movimentos reivindicatórios, mas sobretudo na sua politização, o que confere à década a peculiaridade de fazer emergir a dimensão política mesmo nas reivindicações mais marcadamente salariais (idem, p.165), e isso seguramente teria forte impacto no processo de mudança do *habitus* do magistério paulista.

As frustrações do professorado

Por todos esses fatos, o professorado viu frustradas, contas feitas, suas expectativas profissionais (e políticas) nos anos 80. Os originários das posições mais baixas do espaço social viram obstruídas suas chances de satisfação das necessidades cotidianas – o mundo lhes impunha suas urgências – restando-lhes o consolo, nada desprezível, contudo, de terem encontrado as vias de uma trajetória que os levaria à superação do trabalho manual, o destino quase invariável dos agentes situados nas mesmas posições. Os professores originários dos setores médios sofreriam duplamente: suas expectativas materiais retrocederiam aos limites da luta pela manutenção dos ganhos anteriores, sempre instáveis e solapados pela inflação, e suas esperanças de retornos simbólicos chocar-se-iam contra a realidade de uma profissão publicamente lamentada, quando não inteiramente desprezada. Justamente estes últimos, por tudo os mais inclinados à contestação, pela posição média ocupada e pela condição profissional infeliz, insatisfatória e decepcionante, seriam os que preencheriam a maioria dos cargos de liderança, sobretudo na Apeoesp, e mais se identificariam com o etos do trabalho do magistério, representado pela expressão "trabalhadores da educação", recurso simbólico, herético na época, destinado a auxiliar na reviravolta das posições no campo das entidades sindicais do professorado. Além disso, seriam os que mais se identificariam com o franco-falar político dos pretendentes ao poder e mais nitidamente exprimiriam uma relação sistemática com o mundo na forma de uma característica *hexis* corporal (barba, gestualidade de liderança política, *jeans*, boina, mochila).

Os primeiros agentes, em geral professoras primárias, pedagogas e formadas nos cursos do Magistério, mais inclinadas, pelas disposições adquiridas ao longo de toda a trajetória individual, à prudência e ao comedimento (elas nada tinham a perder, mas esse nada era tudo), apresentam-se à análise como os agentes mais resistentes à adesão ao etos do trabalho acima mencionada. É o caso particularmente dos sócios do CPP, mas também dos da Apeoesp, o que em parte explica o intenso trabalho de inculcação simbólica levado a cabo pelas lideranças dessa entidade. Além do conservadorismo político relacional dos agentes ocupantes das camadas sociais mais desfavorecidas, presos à necessidade e portanto à satisfação urgente desta, logo, com seus projetos de presente e futuro (contestação, mudança, transformação) condicionados inteiramente pelo imediato, essa resistência deve ser atribuída também à ativação por esses agentes de um último recurso destinado à manutenção de suas ilusões de ascenso social pelas vias do enobrecimento simbólico, obstruídas que estavam as vias das recompensas materiais.

Os segundos, licenciados com freqüência em faculdades particulares de reduzidos créditos, mas também em universidades públicas de prestígio – currículos das lideranças obtidos nos periódicos das entidades e em Ribeiro (1984) –, apresentam-se à análise como os mais predispostos à contestação, pelas origens médias, como já se disse, cujo pecúlio material e simbólico, relativamente às professoras oriundas dos cursos de pedagogia e do magistério, os habilitava à ambição de liderança sindical que o campo poderia proporcionar e, em mais de um caso, à ambição política que muito provavelmente não seria potencializada sem a alavancagem favorecida pela credibilidade obtida na atividade propriamente sindical.

O CPP recebido pelo governador Paulo Maluf, em novembro de 1978. Os periódicos reservariam a esse governo acerbas críticas. Esse executivo do poder estadual desafiaria as novas lideranças da Apeoesp a uma luta tremenda, que, astúcia da história, terminaria, contas feitas, por legitimá-las.

Foto: Arquivo do CPP

Comissão do CPP recebida pelo governador Franco Montoro, em abril de 1983. Pouco depois as expectativas do professorado seriam frustradas. Durante este quatriênio o poder aquisitivo do magistério chegaria aos patamares mais baixos na década. Sobre a política educacional do governo Montoro, cf. Branco (1994).

Foto: Arquivo do CPP

Dirigentes da Apeoesp recebidos pelo governador Franco Montoro, em setembro de 1986. Em toda a década as relações entre as lideranças da Apeoesp e os governos do PMDB iriam variar de tensas à completa hostilidade.

Foto: Regina Vilela (Arquivo da Apeoesp)

Escola pública e estratégia de distinção

As monografias sobre a degradação da escola pública em geral enfocam quer as condições econômicas e sociais nas quais se deu o processo, quer os padrões de atendimento oferecidos pelo ensino público básico – má formação dos professores, insuficiências didáticas, inadequação ou defasagem dos conteúdos, reduzidos vencimentos do pessoal docente e de apoio, baixa capacidade instalada, decrepitude e abandono da estrutura mateial, etc. A perda de qualidade é interpretada como o resultado do cruzamento de vários fatores, entre os quais a feminização, a democratização do acesso sem a correspondente modificação do sistema para torná-lo apto a receber enormes contingentes de usuários, a legislação e as políticas públicas do Estado, entre outros. Mas, salvo engano, parece que, no âmbito da particularidade brasileira, ainda são escassos os estudos empíricos sobre as relações entre as estratégias de distinção dos grupos sociais e a imagem do ensino público (aceitação ou recusa, classificações e julgamentos sobre o "nível" e a qualidade).

Sabe-se que a escolha do estabelecimento de ensino é comandada pelo volume e composição dos capitais das famílias e pelo estado do "controle da diferença" (Saint-Martin, 1999) que os grupos estabelecem entre si. À medida que o volume e a composição dos capitais das famílias, respectivamente, aumenta e se diversifica, o controle da diferença – como o sentimento de pertencer a um grupo "à parte", de escol – impulsiona no mercado simbólico a oferta de estabelecimentos de ensino com perfis diferenciados. A escola, pública ou privada, como instância do sistema de produção e circulação de bens simbólicos, não foge à lei geral de distinção das trocas simbólicas: "todos os bens ofertados perdem sua raridade relativa e seu valor distintivo à medida que cresce o número dos consumidores que são simultaneamente inclinados a aptos a deles se apropriar" (Bourdieu, 1984, p.170). Por conseguinte, aberta ao acesso de todos, ou massificada, como se diz, a escola pública é também desclassificada e desclassificante (essa é a ambiguidade da democratização do ensino público). Não é, portanto, necessariamente em razão da má qualidade que os agentes colocados nas posições mais altas do espaço social desertam da escola pública.

A demanda por escolas confessionais ou por escolas não inteiramente dedicadas à preparação para um futuro profissional, ou então orientadas para a formação do estamento dirigente, decorre das estratégias de grupos sociais para os quais o capital escolar representa apenas a legitimação dos capitais prévios possuídos e cujas demandas simbólicas a escola pública não pode satisfazer. Uma escola pública de elevado padrão pedagógico, por conseqüência, provavelmente não traria de volta os herdeiros desses grupos. Somente os grupos que buscam a máxima rentabilização do capital escolar – os que devem quase tudo à escola, ou seja, a classe média um tanto cultivada, mas de reduzido capital econômico, isto é, os convertidos e oblatos do sistema de ensino (cf. Nogueira, s.d.) – é que escolhem as escolas a partir de critérios propriamente pedagógicos. Nos dias que correm essa opção geralmente recai sobre a rede privada de ensino, mas mesmo antes, no início do período aqui estudado, já estava cristalizada a distinção entre escola pública básica, identificada como de baixa qualidade e freqüentada por agentes desprovidos economicamente, e particular, vista como de boa qualidade e voltada para atender as demandas dos mais apossados.

Um exemplo dessa clivagem pode ser observado na matéria jornalística a seguir, publicada na revista *Isto é* em março de 1981, bastante eloqüente quanto as formas de classificação e os expedientes adotados para diferenciar ensino privado e público ("é preciso distinguir bem"), o primeiro recebendo propriedade positiva, "moderno e avançado", chancela quase mágica de qualidade, certamente em consonância com as expectativas dos leitores da revista, muito provavelmente agentes de classe média e possíveis candidatos à "escalada de distinção" social, e o segundo sendo classificado "para baixo" por meio de sentenças condenatórias como "mais pobres", "pouco mais se faz que", "oferecer merenda" ou "nada de invenções", ferretes que, no contexto, aparecem eufemizados sob a forma aparente da denúncia social:

> Profissionais disponíveis de um lado, pais necessitados de outro: esta é a conjunção que explica a explosão da pré-escola. Hoje, só na zona sul de São Paulo, há quase 500 escolas particulares especializadas em crianças de 2 a 6 anos, oferecendo 55 mil vagas e um período de quatro horas por aula, a preços que flutuam em torno de 6 mil cruzeiros por mês. Em toda a cidade de São Paulo há 1.445 pré-escolas e 223 mil alunos. [...] Isso quanto às escolas particulares. Embora em escala menor, também a pré-escola pública vai-se impondo – e, com ela, surgem as oportunidades para os mais pobres. [...] De qualquer forma, é preciso distinguir bem a pré-escola pública da privada. Na pública, pouco mais se faz que cuidar das crianças e oferecer-lhes a merenda. Nada de invenções. [...] Você se considera moderno e avançado. Quer uma escola moderna e avançada para seu filho. Mas será que você escolheu certo – seu filho está mesmo numa escola moderna e avançada? ("A revolução dos bebês", de Alex Gambirasio e Roberto Pompeu de Toledo, *Isto é*, 18/3/1981, *apud* Durand, 1989, p.187)

Entre as classes populares a escolha dos estabelecimentos deve ser creditada, se não ao capital, à orientação e investimento econômicos e culturais (Rupp, 1995). As frações, entre as classes populares, em ascensão econômica (atletas, cantores) ou inclinadas à atividade cultural (cujas disposições são expressas por índices como o consumo da *low art* e do popular chique: pagode, gafieira, escola de samba, artesanato), eventualmente também poderão desertar da escola pública (basta lembrar as escolas comunitárias mantidas por instituições como escolas de samba ou o jogo do bicho). A "escolha" da escola pública pelas famílias de mais baixa renda e de fracas credenciais culturais, feita a partir de critérios que resultam praticamente em aceitação imposta (oferta de vagas, escola na zona de residência, merenda, salário-educação), deve ser creditada às coações impostas tanto pela falta de oportunidades econômicas quanto pela ausência de estratégias que figurem a escola como ingrediente de distinção e alavancagem econômico-social. Essas famílias percebem vaga e contraditoriamente a importância da escola, mas pouco podem efetivamente fazer (as estatísticas comprovam) para incorporar a "boa" escola, segundo os critérios de classificação vigentes, privada, como projeto de vida.

Tanto os reduzidos capitais como as incertas orientações culturais condenam os agentes desses grupos a uma "educação popular", expressão que expõe signos de má qualidade e revela percursos intermitentes quando não interrompidos, e que recebe de um tipo de literatura educacional uma complacência que é, afinal, cumplicidade com todos os racismos que a expressão elude. As estratégias de distinção e a conseqüente denegação da escola pública, banalizada aos olhos dos que, como já se disse, conseguem impor valores e juízos de validação, ampliam consideravelmente a ambigüidade axiológica dos agentes do magistério público: o sentimento de ser desprezados, desclassificados, vítimas, de possuírem uma nobre missão não reconhecida pelos grandes, pelo Estado, etc.

Uma hipótese de trabalho promissora para estudos empíricos das relações entre escola e estratégias de distinção dos grupos dominantes poderia ser a seguinte: no caso do Brasil, a incorporação da escola no "controle da diferença" desses grupos, com o conseqüente incremento da demanda por estabelecimentos de ensino com perfis diversificados, é um fenômeno correlativo à expansão e diferenciação interna das classes dirigentes, impulsionadas pelas políticas de crescimento e desenvolvimento implementadas pelo governo de Juscelino Kubitschek e, particularmente, pelos governos militares pós-64 (Durand, 1989, p.167-8). Essas políticas foram capazes de estimular "um complexo setor de bens e serviços de luxo, aí incluídos, em sentido bastante lato, os bens duráveis de consumo e tudo o mais que foge ao poder aquisitivo das classes populares e dos segmentos inferiores das classes médias [inclusive escolas particulares]." (Durand, 1989, p.168)[10]

---

10 Sobre as estratégias de distinção e a escolha dos estabelecimentos de ensino, cf. Nogueira, Maria A. (1998); Nogueira, Romanelli e Zago (2000); Almeida (2000); Campos (1996). Sobre a relação família-escola, cf. Carvalho (2000).

2

A experiência de viver em posições dominadas (e ambíguas)

Os textos dos periódicos sindicais revelam os modos e as dificuldades de existir dos agentes do magistério oficial paulista. Os textos, que trazem à luz tanto a "miséria de posição" vivida pelos professores quanto os mecanismos muito sutis, às vezes doces, de banalização de suas credenciais simbólicas e, por conseguinte, de todos os bens oferecidos por essa categoria profissional, condenando assim toda a sua "clientela" à condição de "compradores e consumidores" de uma "mercadoria" de segunda categoria, constituem comprovação da ocupação de posições dominadas pelos membros do magistério. Posições dominadas quer em relação ao campo simbólico – que se traduz pela ocupação de postos quase ínfimos nas hierarquias intelectuais, quer em relação à condição de profissão feminina, "ferrete" utilizado para amesquinhar-lhes a carreira e justificar-lhes os baixos salários –, quer em relação ao campo do poder – traduzido sobretudo pelos baixos salários, mas também pela não menos importante relegação à condição de "desconsiderados" pelo poder público, e pelos infinitos, diuturnos e minúsculos expedientes utilizados por toda a máquina administrativa para tornar-lhes a vida mais espinhosa, azucrinantes mecanismos de tortura psicológica[11], cuja dor

---

11 "Vá ver Sr. Secretário, se a Secretaria da Educação não está se tornando verdadeira 'torturadora mental' de seres humanos" (Carta ao Secretário, *JP*, n.201, jun. 1984, p.7).

vivida os textos só dão uma pálida luz e cujo efeito a longo prazo é o sentimento de insegurança e desproteção.

Os textos, por tudo isso, dão conta dessa experiência. Esta deve ser interpretada como o produto de um conjunto de ações que nada têm de extraordinárias. Muito embora às vezes, senão quase sempre, dêem a impressão de fatos notáveis, são na verdade ações comuns e sistemáticas, embora não necessariamente racionalizadas e planejadas. Seria muito tentador interpretar, por exemplo, a aparente confusão entre o Departamento de Recursos Humanos da Secretaria da Educação e a Secretaria da Fazenda, cujos resultados foram erros nos contracheques dos professores, sempre para menos, conforme as reclamações, como se verá em alguns excertos, como ações deliberadas e conscientemente planejadas por algum desígnio maligno. Interpretação sem dúvida tão impressionante quanto duvidosa, pois deixa à margem toda a ambigüidade estrutural das posições sociais ocupadas pelos membros do magistério em relação ao campo do poder e ao universo simbólico, perdendo, por conseguinte, a dimensão contínua, impessoal e quase invisível de uma experiência que de modo algum poderia ter sido proporcionada por uma vontade deliberada e racionalmente orquestrada.

Os erros reiterados nos contracheques e a demora em solucioná-los, algo quase impensável de ocorrer com a magistratura, com os altos escalões do executivo e com o poder legislativo, cruzados com uma multiplicidade de ações rotineiras, perseguições, inquéritos administrativos, baixos salários, "gatilhos" salariais não pagos, vantagens retiradas ou não cumpridas, seguramente revelam tanto a desvantagem de posição do magistério oficial no espaço das carreiras públicas quanto o desencorajamento no seio do campo do poder a fazer investimentos na educação pública, tendência só adequadamente explicada se for considerada, como já se disse, uma ordem social que encontra nas estratégias de distinção, isto é, nas estratégias de possessão dos bens raros e legítimos, um dos mais poderosos recursos de sua reprodução. Além disso, deve também ser considerada a dificuldade e talvez a incapacidade do sistema político na época em aparelhar a administração pública dos meios adequados a um mínimo de racionalidade administrativa.

> Na capital e no interior, todos os anos dezenas de milhares de mestres inscrevem-se em concurso para conseguir se aproximar de casa, para lhes facilitar um convívio mais efetivo com seus familiares, já que o início da carreira quase sempre se dá em locais distantes, com enormes sacrifícios decorrentes desse fato. Neste ano, a Secretaria de Educação do Estado [...] utilizou pela primeira vez na história do magistério o sistema de computadores da Prodesp para realizar os concursos de remoção. E [...] centenas de professores foram prejudicados. Vagas que deveriam ter sido atribuídas a candidatos mais bem classificados foram atribuídas a inscritos que estavam em situação inferior na classificação geral; outros foram removidos para unidades que não colocaram na lista de indicações; outros, ainda, foram removidos para escolas cujo cancelamento na lista haviam solicitado a tempo e a hora, nos termos da lei. (*JP*, n.175, fev. 1981, p.1)

> O Centro do Professorado Paulista está recebendo reclamações de professores de diversas regiões do Estado contra o corte de parte de seus vencimentos pela Secretaria da Fazenda. Queixam-se os estagiários, antigos substitutos efetivos, de que só lhes está sendo paga uma parte dos vencimentos mensais a que têm direito [...] Também professores I, II e III queixam-se ao CPP de que só uma parcela de seus vencimentos mensais lhes está sendo paga porque a Secretaria da Fazenda e o Departamento de Recursos Humanos, da Secretaria da

Educação, ainda não teriam conseguido chegar a um acordo sobre o pagamento dos professores. *(JP*, n.181, set. 1981, p.1)

No final de setembro e início de outubro o CPP recebeu inúmeras reclamações sobre irregularidades nos pagamentos de vencimentos de professores, muitas até bizarras. Professores que deveriam receber, não recebiam. Outros, já exonerados ou removidos, continuavam com seu pagamento normalmente. Até pagamento em nome de patrono da escola apareceu. *(JP*, n.183, nov. 1981, p.3)

Há muito tempo vimos insistindo junto à Secretaria da Educação para serem agilizados os processos em que os professores requerem vantagens já conquistadas, porém que, em função de burocracia, são na prática impossíveis de serem usufruídas. O tempo corrido é um exemplo do que estamos falando: depois de vários anos de luta, ele foi conquistado, mas a má vontade e o desencontro de informações entre Secretarias tornou a sua consecução prática uma verdadeira guerra para a categoria. (*AN*, n.135, jan./fev. 1987, p.3)

Os pagamentos continuam atrasados no magistério, mas a correção monetária só é aplicada pelo Estado quando o professor ganha a causa na justiça. Quando o atraso resulta da incompetência, do pouco caso, da negligência ou do capricho dos burocratas das repartições do ensino e do funcionalismo em geral, os prejudicados são só os professores. (*JP*, n.197, nov. 1983, p.5)

Milhares de professores da rede oficial não receberam pagamento ou receberam metade do que tinham direito e ainda foram informados de que a situação só seria regularizada dentro de 4 a 7 meses. A Secretaria da Educação já fora alertada pela Entidade sobre a possibilidade de tal fato vir a acontecer e nos prometeu resolver o problema. Parece que nada fez. (*AN*, n.137, abr./maio, 1987, p.3)

Novos acontecimentos, que poderão fazer parte da política do atual governo, estão deixando os professores readaptados apavorados. Isto porque a Secretaria da Fazenda em consonância com a Secretaria da Educação, suspendeu aleatoriamente no mês de fevereiro o pagamento da carga suplementar, GTN, para quase todos os professores readaptados. [...] Com isso, evidencia-se tendência dos órgãos governamentais de retorno à idéia de exploração e discriminação dos readaptados. (*AN*, n.147, maio, 1988, p.8)

Temos informes concretos de que há inúmeros professores que estão com seu pagamento atrasado, quinquênios a receber, sexta-parte, referências em atraso de meses e até de anos. Quando receberem, esses vencimentos virão sem juros ou correção e ainda com grandes descontos de IR. (Correspondência da sub-sede da Apeoesp em Piracicaba – *AN*, n.149, jul. 1988, p.2)

Conforme se apreende nas fontes, os membros do professorado público foram particularmente sensíveis ao que na época foram denunciadas como "perseguições", não só perseguições explicitamente políticas senão também, e sobretudo, ações azucrinantes da administração pública, percebidas como insensíveis, intolerantes, despóticas, arbitrárias. Essas perseguições são tão mais reais quanto mais se considerar a ainda incipiente democratização das relações sociais, a forma "imperfeita" pela qual esta ocorreu em toda a década, e tão mais se considerar que o professorado, em virtude das perdas acumuladas, ocupava baixas posições na hierarquia funcional, logo, estava sujeito aos desmandos de uma administração pública não racionalizada ou em lento processo de racionalizacão. Porém, ao mesmo tempo, são perseguições ambíguas uma vez que os professores situavam-se num mundo prestigioso – funcionário público, educador, universo da produção simbólica – mas ocupando posições desprestigiadas deste, inclinados, como já se disse, à exacerbação da sensibilidade quanto ao reconhecimento público da profissão e a todas as formas de respeito social. Ainda ambíguas considerando-se a resistência do professorado à burocratização, no sentido de institucionalização racional de sua profissão (resistência a bater ponto, cumprir carga horária, pontualidade), dada a permanência de aspectos carismáticos no perfil docente (cf. Pereira, 1967)[12].

---

12 "O carisma puro [...] constitui, onde existe, uma 'vocação', no sentido enfático da palavra: como 'missão' ou 'tarefa' íntima. Despreza e condena, no tipo puro, o aproveitamento econômico dos dons abençoados como fonte de renda [...] Não é que o carisma sempre renuncie à propriedade e à aquisição desta [...] o que [o carisma desdenha] é a economia cotidiana tradicional ou racional [...] Do ponto de vista da economia racional, é uma atitude tipicamente 'antieconômica', pois recusa todo entrelaçamento com o cotidiano." (Weber, 1994, p.160-1)
Como se sabe, na acepção de Weber carisma também designa uma qualidade extracotidiana (dons, virtudes, poderes), algo como o "magnetismo pessoal" de certos líderes, profetas, feiticeiros. As profissões "contaminadas" pelo carisma são potencialmente inclinadas a apresentar uma moral ocupacional caracterizada pelo "espírito de doação", sacrifício, devoção – professores, sacerdotes, enfermeiros e, surpreendentemente, pugilistas (cf. Wacquant, 1998). Segundo Durkheim (1995, p.47), dado que cada moral profissional é uma construção histórica do grupo profissional, "ela será o que é esse grupo". Quando o grupo encontra-se num estado avançado de autonomia, a moral profissional coage os agentes moldando-lhes o comportamento às normas preestabelecidas pelo mesmo. Quando o grupo, por outro lado, não se encontra num estado suficientemente desenvolvido, ou seja, organizado e autônomo, a moral profissional pesa pouco sobre as consciências individuais, sendo, por conseguinte, tênue a relação entre a moral e o grupo. Nesse caso os agentes estão livres para apresentar uma moral

Nessa mesma audiência, a diretoria do CPP reclamou ao titular da pasta da Educação do clima policialesco que está sendo implantado, pelo que considera arbitrária intensificação das atividades do GCAAP, que estaria procurando pretextos para instaurar o maior número possível de sindicâncias, inquéritos e processos administrativos nas escolas e repartições de ensino. (*JP*, n.174, nov. 1980, p.8)

Na opinião do presidente do CPP há muitos processos administrativos instalados desnecessariamente, por motivos de somenos. E como esses processos tardam, muitas vezes, para serem resolvidos, tumultuam a vida nas escolas, perturbam a administração e criam um clima inconveniente de suspense entre os professores e os funcionários envolvidos. (*JP*, n.194, ago. 1983, p.3)

[...] a prova evidente de autoritarismo [do governador], que numa atitude demagógica, autoritária e arbitrária, pune uma professora que, num momento de luta legítima por melhores salários, expôs um cartaz com a figura do governador. (*JP*, n.230, jun. 1988, p.3)

---

não-profissional, por exemplo, uma moral de mercenários. Não é o caso do magistério paulista, cujo processo de diferenciação começou em fins do século XIX (cf. Catani, 1989). Aspectos carismáticos, componentes do etos missionário do professorado, são identificados, como a seguir neste capítulo, nas cartas de professores aos periódicos das entidades e também, como será visto no capítulo 8, nos necrológios de professores publicados no JP. Ao longo deste estudo constatar-se-á o peso sobre as consciências dos agentes do magistério paulista da moral profissional caracterizada pelo "espírito de doação". A luta das direções da Apeoesp na década de 80 estará voltada para alterar essa moral e dotar o professorado de uma moral menos desinteressada, baseada não nas recompensas advindas do trabalho em si, "dar o melhor de si", mas nas gratificações materiais e simbólicas obtidas "pelo" trabalho (cf. Pereira, 1969, p.109), razão pela qual o trabalhador aparece como o tipo ideal a ser seguido.

O Governo do Estado publicou [...] decreto constituindo, na Secretaria da Educação, Comissão Processante Especial "para instaurar os procedimentos disciplinares adequados". A medida, que contraria a afirmativa do titular da pasta de que não haveria punições em função da greve, surpreendeu pelo extremo rigor a que o Governo recorreu. (*JP*, n.239, ago./set. 1989, p.5)

A Apeoesp conquistou, ainda no governo Montoro, o direito de seus associados à liberação do ponto nos dias de eleição para a diretoria e conselho de representantes da Entidade [...] Para surpresa e indisposição dos professores e violando compromisso firmado [...] [o governo] suspendeu a publicação do ato de liberação [...] Tal atitude se configura numa prática autoritária e retrógrada, sendo encarada pela Apeoesp como uma punição à Entidade. (*AN*, n.139, jun./jul. 1987, p.3)

Não satisfeito com sua intransigência diante das justas reivindicações dos professores, [o governador] perseguiu membros ativos da categoria durante o período de greve, sendo exonerado o professor [...]. (*AN*, n.40, jul. 1987, p.2)

O inquérito instaurado envolvendo as professoras [...] constitui uma medida extremamente autoritária de parte do governador [...] cujo único objetivo é intimidar os professores para que não assumam futuras lutas e greves promovidas e organizadas pela Apeoesp. (*AN*, n.148, jun. 1988, p.5)

Cartas do professorado

Todavia é nas cartas dos membros do magistério oficial endereçadas aos periódicos das entidades que melhor se apreende a experiência de viver em posições sociais e profissionais dominadas e desprestigiadas. As cartas são interessantes e proveitosas para a análise por vários motivos: embora não tenham esse objetivo na base de suas intenções, constituem uma espécie de imensa autobiografia coletiva do magistério durante uma década, assim tornam possível a reconstrução não somente dos eventos e das experiências dolorosas, mas sobretudo da percepção dos que as vivenciaram, a partir das condições sociais dos próprios agentes. Um segundo motivo, relevante para a análise das cartas e os propósitos deste estudo, é o fato de as cartas terem sido publicadas, isto é, tornadas públicas.

Ao vencer as censuras impostas tanto pelo campo quanto pelos poderes externos, adquiriram o estatuto de vozes legítimas e autorizadas, tornaram-se, por conseguinte, discursos viáveis no mercado dos discursos do magistério; um terceiro aspecto das cartas, que as torna fonte preciosa de informações, é o fato de terem sido escritas com freqüência por agentes colocados nos postos mais humildes da profissão, as vozes nunca ouvidas pelos poderes públicos, geralmente professoras do interior – os agentes que mais diretamente suportaram o peso da experiência de despossessão material e simbólica vivida pelo magistério nos anos 80.

Finalmente, na qualidade de cartas pessoais, ou mesmo coletivas, ao mesmo tempo espontâneas e submetidas a coações, ora imediatas, ora difusas, simultaneamente interessadas e desinteressadas, em todos os casos desprotegidas das censuras mais fortemente intelectuais, constituem textos produzidos para um certo âmbito de circulação, que é o dos textos não-cifrados e não-esotéricos, permitindo supor que foram satisfatoriamente lidas bem como a existência de um mercado de troca de experiências epistolares mediante imprensa periódica (corroborado pelo fato de às vezes as cartas dialogarem entre si, isto é, professores e professoras redigirem cartas comentando outras publicadas anteriormente).

As cartas analisadas foram publicadas no *Jornal dos Professores*, e vieram a lume na seção "Os professores escrevem", e no *Apeoesp em Notícias*, na seção "Cartas". No *JP* não havia página especificamente destinada a essa seção e no *AN* as cartas apareceram sempre na página 2, com uma exceção, sendo que, em alguns números, tanto de um quanto de outro órgão, elas não foram publicadas.

Tabela 1 – Cartas do professorado

Jornal dos Professores (n.116, fev. 1980 – n.249, nov. 1990)			
Professores	Professoras	Outros*	Total
70	171	29	270
Apeoesp em Notícias (s.n., jun. 1981 – n.169, dez. 1990/ jan. 1991)			
Professores	Professoras	Outros*	Total
91	74	78	243

*Outros: cartas com abaixo-assinados, com vários assinantes, de outras entidades e de não integrantes do campo educacional.

As cartas publicadas nos periódicos tratam dos mais variados assuntos:

– Agradecimento pelo diploma de honra ao mérito concedido pelo CPP;

– Pedido de auxílio para resolução de problemas mormente jurídicos;

– Elogios à direção do CPP, no mais das vezes na pessoa do seu presidente ("Ilustre Professor Doutor Sólon Borges dos Reis: [...] Ufanamo-nos eu e minha esposa de pertencer ao quadro do CPP há trinta e cinco anos, podendo destarte ajuizar dos serviços inestimáveis que V. Sa. vem prestando à causa do Ensino e do Magistério, ao longo desses anos, numa odisséia de heróicas lutas, quantiosas canseiras sem par, pervigílias aflitivas, que tudo lhe custou e ainda vem lhe custando", *JP*, n.168, abr. 1980, p.5);

– Elogios à nova direção da Apeoesp;

– Perguntas e esclarecimento de dúvidas ("Senhor redator: Tenho ouvido falar muito, e lido ultimamente em jornais e revistas, sobre "patrulhamento ideológico". Mas não sei bem do que se trata. [...] Gostaria de saber [...]", *JP*, n.168, abr. 1980, p.5);

– Opinião sobre a educação, o magistério e o momento político do País;

– Transcrição de pareceres considerados injustos ("Ao Jornal dos Professores, Prof. Sólon Borges dos Reis, esperando seja publicado, envio este parecer de uma funcionária pública, diretora de escola que, após vinte e cinco anos de trabalho, se vê prejudicada em seus direitos adquiridos", *JP*, n.192, maio, 1983, p.7);

– Sugestão de medidas ("Tomo a liberdade de sugerir às autoridades constituídas [...]", JP, n.197, nov. 1983, p.5; "Senti-me na obrigação de colocar algumas impressões no sentido de contribuir para as discussões", *AN*, s.n., jun. 81, p.2);

– Reclamação da Secretaria da Educação e pedindo auxílio ("Há quase dois anos estou proibida de lecionar no Estado de São Paulo. Sou subversiva? [...] Não, nada disso. Apenas reivindiquei meus direitos e fui punida, estou sendo chantageada e discriminada", *AN*, s.n., out. 1982, p.2);

– Denúncia de procedimentos considerados arbitrários ("Esta cartinha é apenas para mostrar as arbitrariedades que acontecem em cidades como Espírito Santo do Pinhal", *JP*, n.216, maio, 1986, p.5; "São estes absurdos, Sr. Redator, que evidenciam o descalabro, a inoperância, a demagogia que campeia na Secretaria da Educação [...]" *AN*, s.n., fev. 1982, p.2);

– Notícia de fatos e eventos sociais do magistério ("O último 'dia do professor' em Santa Cruz foi antes de tudo uma demonstração de solidariedade da classe professoral [...]", *JP*, n.220, fev. 1987, p.5; "Solicito a V. Sa. a publicação no Jornal do CPP da notícia do grande movimento ecológico que estamos fazendo em nossa unidade escolar [...]", *JP*, n.229, maio, 1988);

– Críticas ao ensino privado ("Os barões do ensino", *AN*, s.n., jan./fev. 1983, p.2);

– Reclamação sobre a entidade ("Jornal aqui quase ninguém recebe. Promoções, convênios e outras coisas que o CPP promove em nossa cidade não há como se desfrutar", *JP*, n.224, set. 1987, p.7);

– Desligamento da entidade (*AN*, n.100, jun. 1983, p.2);

– Agradecimento pelo envio do periódico;
– Registro do envio de livro;
– Comentário de matérias do periódico;
– Envio de mensagens, poemas e acrósticos ("Sr. Presidente: sou grande admirador da nobre classe. A poesia de minha autoria que estou enviando [...]", *JP*, n.238, jun./jul. 1989, p.4);

– Envio de redações de alunos;
– Protestos pelo mal atendimento nos serviços públicos;
– Irregularidades em holerites;
– Comentários sobre as lutas internas da entidade e a participação delas (este último item exclusivamente no *AN*).

Um microcosmo ansiogênico

Entre as notícias e relatos da experiência de desprestígio profissional, algumas merecem ser citadas na íntegra, ou quase, pela forma extrema da imposição da violência material e simbólica a que estavam submetidos os membros do magistério oficial paulista. Várias situações chamam a atenção na carta transcrita a seguir: a ansiedade por reconhecimento ("trabalho apreciado", "professor tão mal reconhecido", "trabalho desvalorizado"), que, como já visto, é propriedade dos agentes situados nas posições mais desvalorizadas de um universo socialmente valorizado; as coações materiais vividas após uma vida dedicada ao trabalho ("minhas condições econômicas"); os valores que expressam o sentido missionário e desinteressado da profissão (revelados por termos como "amar", "dediquei", "gratuitamente", "dar o melhor de si", "ajudando"); a auto-imagem generosa e positiva do magistério ("gigante", "construtor"), apesar de todos os percalços (solidão, espancamento); e, finalmente, a inclinação a responsabilizar os governantes – seres invisíveis, impalpáveis, mas poderosos – pela miséria da posição do professorado, cuja desvalorização aos olhos do povo é, segundo a missivista, apenas o resultado do efeito de duplicação da desvalorização realizada pelo governo.

Sr. Presidente: Minha vida foi amar o magistério, ao qual me dediquei com todas as minhas forças. Durante todos os longos anos de minha carreira tive a felicidade de ver meu trabalho apreciado pelos pais de meus alunos, pelos colegas e pelas autoridades do ensino em todas as escolas que percorri, muitas na periferia da cidade. Aposentada e já idosa, minhas condições econômicas como professora aposentada somente permitiram um pequeno apartamento na Cohab de Itaquera, ondo moro sozinha, já que a única pessoa da família que tinha, uma irmã, faleceu há alguns anos. Não deixei, contudo, as lides do magistério. Gratuitamente venho dando aulas particulares a quantos me procurem e assim continuo ajudando a infância e a juventude a melhor se preparar para a vida, principalmente em área tão carente como a em que vivo. Assim, através dos anos, venho continuando a dar o melhor de mim àquilo que foi a razão de minha vida. Contudo, no dia 11 de abril último, uma moradora do prédio onde resido, simplesmente por achar que eu não queria continuar a dar aulas à sua filha, invadiu minha casa armada com uma barra de ferro de uns 80 centímetros e deu-me três violentas pancadas nas costas que quase me levam desta para melhor. Profundamente revoltada, chego a pensar que essa situação – espancada por uma mãe quando continuo a me dedicar ao magistério gratuitamente em todos os lugares por onde passei – decorre em grande parte da situação geral do quadro da posição atual em que fomos colocados pelos governantes como pessoas, como gente. O professor, esse gigante, construtor incansável de nossa grandeza, é tão mal reconhecido pelos nossos governantes que, consequentemente, sua imagem é desvalorizada pelo próprio povo. (*JP*, n.245, maio/jun. 1990, p.7)

A mesma ansiedade também se faz presente na carta a seguir ("algum dia alguém reconheça o valor"), agravada pela posição do gênero feminino no espectro de todas as carreiras e duplamente agravada, por um efeito de exponenciação, pelo desprestígio do trabalho da professora no âmbito do trabalho da mulher em geral – no caso, a professorinha não tendo, na apreciação da jornalista, dado "o pulo das gatas". Na enumeração de todos os signos socialmente usados para estigmatizar as profissões mais desprestigiadas valores para a missivista) – amiga, confidente, assistente social, babá, trabalho com o favelado, com o filho do alcoólatra, da prostituta, do marginal – revela-se tanto a adesão *dóxica*[13] da missivista à sua posição no espaço social quanto os elementos de uma sociologia espontânea que desconhece as barreiras sociais (professorinha de bairro ministrando aula às "grandes mulheres", aos políticos), configurando, afinal, elemento do etos missionário

---

13 *Doxa*: "Conjunto de crenças fundamentais", explica Bourdieu (1997b, p.26), "que não têm necessidade de se afirmar sob a forma de um dogma explícito e consciente de si mesmo".

profissão (o professor, assim como o sacerdote, atendendo a todos indistintamente).

> Fiquei bastante surpresa ao ler o artigo "Mulher no trabalho – o pulo das gatas", da jornalista Kathia Pompeu, no exemplar n.1941 [da revista *Manchete*], enaltecendo o valor do trabalho da mulher atual e ao mesmo tempo se contradizendo, menosprezando a professora que dá aulas em escolinhas de bairro. Essa "professorinha", que ao mesmo tempo é mãe, amiga, confidente, enfermeira, psicóloga, assistente social, babá, etc., também deu aula a você, às grandes mulheres do poder, aos políticos, executivos, assim como aos filhos de todos vocês. Todos são o que são porque um dia tiveram uma professora de escolinha de bairro que também trabalha com o favelado, o filho do alcoólatra, da prostituta, do marginal e até para aqueles que não têm pais. [...] Meus sinceros protestos e esperando que algum dia alguém reconheça o valor dessa mulher que para viver com seu salário tem não só que dar pulos, como rebolar, esticar e muitos outros verbos. (De uma professorinha de bairro há 25 anos – *JP*, n.239, ago./set.1989, p.7)

Submeter à análise as cartas dos professores aos periódicos das entidades é tornar compreensíveis as mudanças ocorridas nas disposições do professorado, como as novas disposições ajustaram-se às mais antigas e como essas mudanças ativaram nos agentes argumentos simultaneamente velhos e novos nas suas estratégias de distinção. As cartas falam das maneiras de pensar e agir, sentir e valorizar as experiências cotidianas, suas alegrias e tristezas, bem como os modos de apreciar um produto cultural, como um filme, e do lugar do magistério na "ordem das coisas", tanto o lugar real (as vivências) quanto o imaginado (as expectativas).

As duas cartas a seguir, ambas sem dúvida inseridas no quadro da ansiogenia, uma de um professor e a outra assinada por duas professoras, trazem à luz o conflito entre as disposições pretéritas do professorado (dignidade, vocação) e as atualizações ocorridas na década e tendentes a argumentos mais vincadamente profissionais na defesa da profissão (capital em diplomas e idiomas). Também expõem as dificuldades profissionais dos ocupantes das posições médias ou baixas do espaço social, em particular os mais desprovidos de capital cultural, cujas opções profissionais, feitas a partir de um leque não muito amplo, os condenam a beco sem saída ("não abandonam a carreira por insegurança"). Na segunda carta é particularmente interessante a crítica a um filme feita inteiramente a partir das disposições morais das missivistas ("repúdio, má intenção dos responsáveis"), para as quais ele é insultante ("neuróticas, pervertidas, desajustadas"), e cujas disposições mostram-se circunscritas ao patamar dos julgamentos de valor sobre as obras da indústria cultural.

> A classe dos professores vem sendo há muito explorada e esta situação, que continua na "Nova República", tende a ser sustentada pelos atuais governantes que nada fazem para tratá-la com mais dignidade. O professor que investiu anos no seu aprimoramento, muitos com mais de dois diplomas e falando várias línguas, se vê expoliado totalmente de seu amor-próprio quando recebe, como neste início de ano, um salário aviltante. Se ele continua sendo professor é porque os laços que o unem à carreira são os da vocação. Muitos, com medo e dificuldade, não abandonam a carreira apenas por insegurança. [...] Gostaríamos de possuir o que nos é de direito, sem ter que pedir. Apenas queremos ter reconhecido nosso trabalho e esforço, sem sentir o que já sentimos há 20 anos: que é triste e amargo ser professor. (*AN*, n.129, mai./jun. 1986, p.2)

> [...] Manifestamos nosso repúdio ao filme *Anjos do arrabalde – as professoras* pela má intenção dos respon-

sáveis ao intitular o filme utilizando o nome desta profissão para um roteiro tão medíocre. O filme, cujo título sugere um enfoque do cotidiano de professoras em sala de aula de escolas periféricas, não faz mais que mostrar a vida conjugal e sexual de cada uma. As professoras são apresentadas como pessoas desajustadas, neuróticas, depressivas e até pervertidas. [...] As únicas cenas de sala de aula mostram uma professora fumando diante dos alunos e cortando os pulsos no meio de uma aula. Como se ser professora de periferia significasse ser pervertida ou desajustada. Lastimamos que o tão desvalorizado professor seja ainda mais ridicularizado e menosprezado através da visão distorcida do roteirista do filme, Carlos Reichenbach. (*AN*, n.137, abr./maio 1987, p.2)

A carta a seguir é interessante por trazer à luz disposições do magistério mais características do começo do século XX, fato explicável em se tratando de professora que se aposentava. Mais uma vez faz-se presente o etos missionário do magistério, particularmente visível em expressões que sugerem interesse no desinteresse, ou seja, em expressões que indicam valores como abnegação, renúncia, obstinação, firmeza, espírito de sacrifício ("não almejo recompensa material", "sacrifiquei minha juventude", "arrostando óbices"). Revela também o recurso às compensações simbólicas num campo de escassos retornos materiais ("só espero que se lembrem de mim", "recebo a coroa da glória").

> Encerro minha carreira com a cabeça erguida e a consciência tranqüila pela certeza do dever cumprido e plenamente satisfeita por ter dado tudo de mim à causa pela qual sacrifiquei os anos de minha juventude, arrostando óbices impensáveis à época saudosa de minha Escola Normal [...] Não almejo recompensa material, porém, pelo melhor que procurei, com a

ajuda de Deus, transmitir às centenas de alunos a mim confiados, só espero que se lembrem de mim da mesma forma que deles guardo terna lembrança [...] Valendo-me das palavras do Apóstolo, ouso dizer que combati o bom combate, e recebo a coroa da glória, simbolizada no diploma de Honra ao Mérito que me foi concedido. (*JP*, n.224, set. 1987, p.7)

Década de 1950: pânico de status

Não é sem certa dose de amargura que muitos, pensando no prestígio de sua atividade, se dizem 'proletários de gravata'. Esta frase, comum entre eles, bem como as explicações para o que reputam como prestígio inferior ao *status* ideal do professor traduzem sempre, por uma forma ou outra, o que Wrigth Mills denominou pânico de *status*, para significar a insatisfação dos assalariados não-manuais com a diminuição das diferenças 'sociais' que vinham conservando em face dos assalariados manuais. [...] Assim principiava um dos artigos de uma revista bastante difundida entre os professores primários: 'Longe vai o tempo em que o professor, ou melhor, aquele que ensinava, era chamado – *Mestre*! Em nossos dias, o nome *professor* é tão comum, tão familiar, que já nem merece aquele respeito, aquele prestígio, que tanto o destacava'. Ao que a redação da revista acrescentou: 'registramos que a queda vertical do professor, em São Paulo, a nosso ver, se deve ao descaso e falta de conhecimentos com que são fetias as leis, e principalmente ao abandono da classe pelo poder público. Há quarenta anos o nível de vida do professor (primário) era igual ao do promotor e do delegado de polícia. Hoje é, infelizmente, pouco acima dos empregados braçais humildes. Custa a crer que moços de algum valor ainda ingressem numa carreira que só lhes trará decepções, amarguras e miséria disfarçada, a pior delas. A mais alta autoridade escolar (primária), o delegado de ensino, com trinta anos de serviço, percebe o mesmo que um delegado novo de polícia, e um professor é equiparado a um simples carcereiro de cadeia de lugarejo, onde pode cochilar o dia todo. (Pereira, 1969, p.173-75)

De mestre a professor, o agente do magistério ainda passaria pela experiência, a seus olhos aviltante, de ser chamado nos anos 80 de tia ou tio: "Há o tratamento de padre, frade, aos ministros de Deus; aos médicos, advogados e engenheiros, o de doutor; por que negar ao professor [o tratamento de professor, em vez de tio ou tia], principalmente na pré-escola, que precisa ter uma habilitação específica?" (Carta de professora primária – *JP*, n.203, out. 1984, p.7). Por um ajustamento à função que a sociedade urbano-industrial parece lhes reservar, com a conseqüente reviravolta do *habitus*, que é simultaneamente produto e condição desse ajustamento, nos anos 80 os professores do ensino público, sobretudo os diplomados em licenciatura, não só não repelirão a condição de proletários como a ela se identificarão como "trabalhadores da educação", ajustando seus pleitos reivindicatórios não mais a um hipotético prestígio social, mas a argumentos profissionais ou quase profissionais. Esses agentes, para os quais a proletarização é sinal positivo de identificação de classe, irão compor o grosso da clientela da Apeoesp.

A força do arbítrio

Em virtude do estreitamento do "espaço dos possíveis" (noção da sociologia de Bourdieu que permite reconstruir e, portanto, tornar compreensíveis os projetos individuais e coletivos), os pequenos agentes econômicos têm poucas opções de investimento, por oposição ao amplo cardápio reservado aos agentes mais providos de capital econômico (que podem capitalizar em CDBs, fundos pré e pós-fixados, bolsa de valores, ouro, dólar, mercado de futuros). Travados em suas opções de investimento, os pequenos agentes econômicos estão mais submetidos à força do arbítrio (confisco da poupança, desvalorizações e até mesmo acidentes naturais, como cheias ou secas) que os economicamente mais ricos, que dispõem de todos os recursos e uma adesão quase natural às leis de um mundo econômico, que lhes é familiar, para ter um controle relativo do acaso e saírem ilesos das crises, quando não mais ricos.

Para os economicamente pequenos o futuro é tão fechado que parece amplamente aberto, ou seja, para eles a distância entre aspirações subjetivas e oportunidades objetivas, entre esperanças e chances é muito grande e praticamente tende ao infinito no lumpenzinato. Nos pequenos agentes econômicos há sempre a esperança de enriquecer por um golpe de sorte: achar uma carteira recheada, uma botija de ouro, acertar na loteria. Essa aparente vastidão do futuro, concomitante ao seu fechamento objetivo, pode ser ilustrada nas opções dos ambulantes: o que vender? pilhas, pentes, biscoitos, canetas; o que escolher nessa infinidade de pequenas coisas? Suas disposições relativas ao tempo os condenam à imprevisibilidade e ao acaso (não há orçamento, não há projeto) e à opacidade e insegurança (pergunta sem resposta: que fazer?). Há uma anedota cabila, de uma sociedade pré-capitalista, portanto, contada por Bourdieu em *Algérie 60*, que ilustra muito bem as disposições relativas ao tempo dos pequenos agentes econômicos:

> Um indivíduo vai ao mercado e alguém lhe pergunta: "Para onde vais, fulano?" Ele responde com naturalidade: "Ao mercado". "Como", estranha o outro, "sem dizer 'se aprouver a Deus'?" Antes de chegar ao mercado o indivíduo é assaltado e despojado de todos os seus bens. Alguém, então, lhe pergunta: "Para onde vais, fulano?" Ele responde: "Volto à casa, se aprouver a Deus".

A tremenda força do arbítrio impõe-se sobre os agentes mais desprovidos tornando a mera ida ao mercado uma quase-incógnita. Para os economicamente mais ricos, por oposição, o futuro é tão aberto que parece já definido de antemão, ou seja, com o crescimento dos capitais o diferencial entre aspirações e oportunidades tende a zero (Bourdieu, 1981, p.67-81). Ou, com outras palavras: a posse de capitais amplia o espaço dos possíveis, praticamente garantindo, a não ser pela eventual irrupção do acaso, a realização do futuro projetado no passado. As disposições relativas ao tempo desses agentes mais aquinhoados inclinam-lhes a uma espécie de calculabilidade oculta – *projectus*, "algo como um jato lançado para a frente" (Machado, 1997, p.64) –, calculabilidade essa só tornada possível em razão tanto da soma dos recursos possuídos, que tornam o virtual, real, quanto da familiaridade com o mundo econômico, análise extensível, por homologia, a outros campos da vida social.

Os excertos de cartas a seguir revelam agentes do professorado submetidos ao peso do arbítrio, em virtude tanto da precariedade dos recursos econômicos, o primeiro, quanto da irracionalidade do serviço público, os dois subseqüentes, que os condenam à insegurança relativa ao futuro ("que farei para sobreviver?"). Por homologia, os dois últimos mostram as opções culturais de agentes femininos colocados nas posições menos legítimas do espaço simbólico, condenados, por causa da precariedade dos recursos propriamente culturais, à submissão a uma arbitrariedade cultural que lembra o acaso das forças econômicas. Também trazem à luz os valores e o *habitus* dos pequenos poupadores simbólicos, dispostos à apreciação e consumo de símiles, bagatelas culturais cuja valorização e consumo termina por trair um estilo de vida tão arbitrário quanto insípido.

> Senhor Redator: Sou professora I readaptada [...] Embora houvesse lecionado em dois períodos por muito tempo antes de me efetivar, fiquei apenas com jornada parcial e 48 horas em carga suplementar. Atente bem para o meu drama: só agora, no pagamento de 05-09-84, é que começaram a fazer estorno. Sabe como? Quando fui ao banco para receber meu pagamento, não havia dinheiro. Levaram tudo de uma só vez. [...] Sou desquitada, não recebo pensão alguma, pago aluguel, tenho um filho solteiro ainda, que também faz faculdade e ganha uma miséria. [...] Qual o problema de saúde que me levou à readaptação? Calo

nas cordas vocais. [...] Que farei para sobreviver? [...] Mas quem sou eu para sugerir alguma coisa? Imagine se "eles" estão interessados em saber se falta pão na mesa de uma professora, uma simples e humilde professora primária. A mesa deles é farta... o resto que se dane. Se alguém achar que estou dizendo alguma inverdade, que conteste. (*JP*, n.204, nov. 1984, p.7)

Sou professora do Estado, formada pela Faculdade de Filosofia, Letras e Ciências Humanas da USP, concursada e aprovada em 1980, tendo sido efetivada em julho de 1982 e tomado posse na escola escolhida [...] no dia 9 de agosto de 1982, assumindo minhas aulas no mesmo dia. Estamos no dia 7 de janeiro de 1983 e até esta data não recebi nenhum salário! (*AN*, s.n., mar. 1983, p.2)

Há quase dois anos estou proibida de lecionar no Estado de São Paulo. Sou subversiva? [...] Não, nada disso. Apenas reivindiquei meus direitos e fui punida, estou sendo chantageada e discriminada. [...] Através de sentença do STF, a Secretaria da Educação foi obrigada a me registrar pela CLT de acordo com a lei. Na época (1980) eu já contava dez anos de magistério e [...] optei pela estabilidade. [...] Fui chamada para fazer um acordo muito favorável à SE e eu, como professora estável, recusei. [...] Aí veio a surpresa. Fui impedida de me inscrever para concorrer à escolha de aulas [...] Descobri que a ordem vinha do DRHU e que era válida para todo o Estado. [...] Procurei a justiça trabalhista que ainda discute e não chega a conclusão [...] Isso há dois anos [...]. (*AN*, s.n., out. 1982, p.2)

Muitas vezes nós, professores, através do nosso trabalho recebemos verdadeiras lições de vida. Roque Schneider, autor de *O valor das pequenas coisas*, diz que não passamos de incipientes aprendizes na escola da existência. [...] Lecionando pelos arredores de Piracicaba conheci uma família magnífica e com ela convivi durante muitos anos. Foi uma experiência maravilhosa. Casal de classe média, bons e dedicados, cheios de amor e estrutura para educar seis ou sete filhos. O pai, funcionário público, trabalhava durante o dia e, à noite, estudava direito. [...] Lembro-me de uma ocasião em que o pai foi a serviço para São Paulo [...] Dias depois, assisti à sua volta [...] O pai trazia um presente para a mamãe [...] Fiquei observando a cena enquanto a esposa com suas mãos estragadas pelos trabalhos diários abria com cuidado aquela bonita caixa [...] Alegria de todos, misturando-se às lágrimas da vovó [...] Era [...] uma imagem de Jesus Menino, deitado em seu cestinho de vime. [...] Emocionei-me. (*JP*, n.235, jan. 1989, p.7)

Tenho, na minha estante, *Minutos de Sabedoria*, *Imitação de Cristo*, obras de Khalil Gibran, coleção de livros psicografados por Chico Xavier [...] Quanta mensagem chega em momentos certos, desfazendo enganos, trazendo a calma e a esperança para os desalentados. (*JP*, n.175, fev. 1981, p.5)

De modo algum é casual, embora não seja exclusivo, que os cinco agentes missivistas destes excertos sejam mulheres, cujas posições dominadas no próprio campo educacional, em decorrência da assimetria de gênero, as expunha com particular freqüência à força do arbítrio.

A "quase-sistematização afetiva"

A posição dominada do professorado em relação ao campo do poder é sempre lembrada por uma infinidade de posturas, sobretudo lingüísticas e corporais, e uma infinidade de *chamadas à ordem*, interpretadas pelos agentes geralmente de forma subjetiva ("má vontade, capricho, arrogância, autoritarismo, prepotência" de algum funcionário, burocrata, político). Incapaz de ver o todo, o sistema, o professorado estava condenado a uma *quase-sistematização afetiva* tanto de sua profissão e seus problemas quanto do espaço social por ele ocupado, isto é, estava condenado a ver o mundo sob o prisma do sentimento, "único princípio de unificação possível de uma experiência dramática dominada pela incoerência" (Bourdieu, 1981, p.78), e a um permanente trabalho de eufemização de suas mazelas.

Nas cinco cartas a seguir, de agentes masculinos as três primeiras e de femininos as duas últimas, faz-se presente esse trabalho de eufemização ("posição de líderes na vida social e política"), mais uma vez a ansiedade por reconhecimento ("sempre esquecidos"), as chamadas à ordem ("cuide de seus meninos, aqui ninguém lhe chamou") e a sistematização afetiva de uma experiência, a da avaliação de desempenho a que foi submetido o professorado nos anos 80. A avaliação era muito simples: o diretor era obrigado a observar seus inferiores hierárquicos e ao final do ano avaliá-los com R, ruim, B, bom e MB, muito bom. Essas notas iam depois para a ficha funcional e podiam causar perda de prêmios e até punições[14].

O professorado, dotado de disposições antieconômicas (carisma), como é propriedade característica de agentes do campo simbólico, e, por ocupar as posições menos legítimas desse mesmo campo, carente de competitividade e inclinado a encará-la negativamente a partir de um ponto

---

14 "No caso de o professor receber "muito bom" subirá, imediatamente, na escala de progressão funcional. Recebendo um "bom", necessitará de outro conceito promovido, e ao receber um "regular", não receberá promoção nenhuma. [...] A avaliação de desempenho tem sido muito discutida e criticada pelos professores, primeiramente, pela subjetividade de seus critérios" (*AN*, s.n., out. 1981, p.3).

de vista moral, como se observa na terceira carta, viu essa avaliação com tristeza e muito desgosto ("causando inveja e suspeita entre os colegas", "fazendo inimizades", "transformando o diretor num dedo-duro do ensino"). Salvo engano, a avaliação de desempenho, possivelmente uma tentativa de enquadrar o professorado em normas racionais de administração e padrões de excelência, como não foi acompanhada nem por programas de capacitação das práticas e saberes do professorado, nem por uma consistente base pedagógica, terminou por se tornar mais um mecanismo de tortura psicológica dos professores.

> Estamos empenhados, todos em um só corpo, na luta pela reconquista de nossa posição de líderes na vida social, política e principalmente econômica que já possuímos no passado. Mestres de nomeada existem em profusão no âmbito do magistério paulista, mas sempre esquecidos em seus méritos de educadores, guias natos da novel geração que anualmente se renova, indo produzir em uma seqüência interminável os dirigentes do Brasil de amanhã. Exigimos, temos direitos adquiridos, 5 referências que nos foram diminuídas [...] E é por causa dessa diminuição em nossos salários [...] que sofremos os efeitos de uma remuneração tão baixa e que nem os aumentos irrisórios podem amenizar as nossas necessidades mais urgentes, no vai e vem diário, na faina de ensinar milhares de cabecinhas ávidas de saber [...]. (*JP*, n.200, maio, 1984, p.7)

> Revisei espontaneamente uma Lei Orgânica Municipal, encontrando (pasmem!) 1025 erros de ortografia, 104 erros de concordância e 42 textos sem sentido. Tudo espremido em 42 páginas. Quando fiz ver isso, recebi uma gentil advertência: "Ora professor, cuide de seus meninos; aqui ninguém lhe chamou". (*JP*, n.247, ago./set. 1990, p.7)

Gostaria de acrescentar que, para mais oprimir na escola, existe algo: a promoção por evolução funcional baseada em critérios subjetivos, por isso, instrumento sob medida para práticas de favoritismo, represálias, de parte da direção e de professores, competição desenfreada, auto-promoção – visto incentivarem este lado negativo de todos os seres humanos [...]. (*AN*, s.n., jun. 1982, p.2)

Após 32 anos e 9 meses de luta árdua no magistério, mas achando sempre estar sendo recompensada nos olhinhos inocentes e humildes de meus alunos, recebi esta semana um prêmio por mais um ano de trabalho, sintetizado num única letrinha do alfabeto: um R. Como pensam vocês que me senti ao ser classificada de regular, ruim, após todo esse tempo? Fui apunhalada duramente e esse R destruiu tudo o que eu sentia pela minha escola, EEPG Amador Bueno. Doeu muito... está doendo... é uma ferida que não cicatrizará jamais. Como pode uma professora, no fim da jornada, ser taxada de regular? Será que a escola não lhe deve nada?

Aqui vai o meu apelo ao Sr. Secretário da Educação: seria possível acabar com o R, B e MB? O julgamento pela direção é muito difícil; ou então mande B e MB de sobra, pois assim, creio eu, ela poderia ser mais humana. [...] Tenho certeza de que existem muitos professores que foram atingidos por essa "tijolada" da letra R e que, como eu, contam com o apoio do Sr. Secretário da Educação. (*JP*, n.197, nov. 1983, p.5)

O magistério é atividade desgastante e mal remunerada. Sofremos pressões, injustiças, agressões verbais e até mesmo físicas. [...] Muito mais do que a famigerada "Avaliação de desempenho" que aviltou o meu salário e deixou marcas profundas em mim com os "muito ruim", que só provocou inimizades privilegiando alguns em detrimento de outros [...]. (*JP*, n.244, abr. 1990, p.7)

Chamadas à ordem

Espetáculo grotesco

Matéria sobre a recepção dos delegados da Apeoesp à votação no Congresso Nacional da emenda que concede aposentaria aos 25 anos para o magistério, em 1980 (*AN*, s.n., s.d, p.4). Impedidos, em virtude das normas internas do Congresso, de entrar em trajes informais em suas dependências, os professores e professoras que para lá haviam se dirigido em caravana sofreram uma chamada à ordem e – revolta afetiva traída por expressões tais como desprezo, indignação, vaiavam, imprecavam "nojento" – assim reagiram à surpresa de constatar que os constrangimentos que pesam sobre os dominados não habitam somente as cabeças:

Foto: Arquivo do CPP

> Enquanto isso, outros colegas se esbaldavam à procura de gravatas e paletós emprestados aos professores por motoristas, bancários e até por transeuntes; por seu turno, as professoras providenciavam saias junto às colegas e outras senhoras. [...] Oito horas depois de nossa chegada, ei-nos, enfim, nas galerias! [...] No "Grand Final" todos os professores vaiavam, imprecavam e gritavam palavras de ordem reveladoras de seu desprezo e indignação por tão nojento e desrespeitoso espetáculo.

Tudo indica que a delegação do CPP à mesma votação não sofreu esse constrangimento. Além do *JP* não noticiar nada disso, fotos da delegação da entidade em Brasília mostram todos em trajes formais (cf. *JP*, n.172, set. 1980).

Gumercindo discursa e Folha noticia só a embalagem

Matéria sobre a fala do presidente da Apeoesp, professor Gumercindo Milhomem Neto, eleito deputado federal constituinte e que recebeu uma chamada à ordem (microfone cortado) por discursar sem gravata na Câmara Federal. Praticar "as formas do respeito e o respeito às formas", assim como as "concessões de polidez", revelam sempre submissões políticas e constituem modos quase mágicos pelos quais a ordem estabelecida obtém a adesão de seus membros, mesmo os aparentemente mais refratários e mais dispostos à transgressão (cf. Bourdieu, 1980, p. 117). Acostumado a se apresentar nas manifestações e eventos do professorado e à informalidade, produto das disposições permanentes dos agentes ocupantes das posições médias do espaço social e não transgressão, embora aparente sê-lo, mas adesão ao mundo pelas vias transversas de uma peculiar hexis corporal, vista pelos dominantes como desordem dos gestos corporais e dos cacoetes lingüísticos, o então presidente da Apeoesp sofreu embaraço, chamada à ordem imposta pelo decoro parlamentar, "mitologia política" incorporada aos modos de ser e aparentar ser dos agentes dominantes do campo político.

Ao salientar a importância da mensagem do presidente da entidade (o conteúdo) e minimizar a violação do decoro parlamentar (a forma, ou "a embalagem"), a matéria do periódico da Apeoesp expõe uma das propriedades mais típicas dos agentes que, ocupantes de posições médias, são mais inclinados à contestação, qual seja, a prevalência da funcionalidade sobre a forma, propriedade oposta à dos agentes dominantes, estes mais inclinados à prevalência da forma (o estilo, o decoro) sobre a função.

O presidente da Apeoesp, deputado federal constituinte pelo PT, [...] ao discursar à Constituinte sobre o caráter democrático e não parlamentar de seu partido, o faz sem gravata. O gesto de Gumercindo, segundo sua própria classificação, "descomprometido" ["fato de importância secundária", dirá o presidente da entidade em carta à *Folha de S. Paulo*], tornou-o protagonista de duas situações singulares. A primeira, o corte do som por parte da presidência dos trabalhos, e um início de tumulto de parte de seus pares. (*AN*, n.136, mar. 1987, p.3)

Respeito à hierarquia

Quando já fechávamos esta edição, recebemos do [...] líder do governo na Assembléia Legislativa a informação de que [o governador] não mais receberá em audiência a representação do funcionalismo [...] Suspendeu a audiência alegando que deve ser mantido o 'respeito à hierarquia', uma vez que antes de se encontrar com ele, governador, o funcionalismo deve manter entendimentos e negociações com a Secretaria da Administração. (*AN*, n.142, set. 1987, p.5)

Chamar o respeito à hierarquia é lembrar a hierarquia do respeito, chamada à ordem pela qual os dominantes impõem o arbitrário do poder político e social de que dispõem, com toda a violência simbólica tornada possível pelos critérios de classificação socialmente vigentes e sancionados. Eufemismo poderoso que sempre é mobilizado nas situações nas quais é julgado oportuno, pelos dominantes, que todos reconheçam (em duas acepções da palavra, isto é, na de "admitir como certo e aceitar" e na de "conhecer de novo e dar a conhecer") as suas respectivas posições sociais, isto é, os lugares sociais de cima e os de baixo, as prerrogativas de quem é superior ("você sabe com quem está falando?"), as vinculações de todos, sob a modalidade de submissão obediente, às formas protocolares do cerimonial do poder, e também as obrigações de quem é inferior. Chamar o respeito à hierarquia é lembrar e ativar o cerimonial do poder e, por conseqüência, celebrar o próprio poder e quem dele dispõe.

Embora igualmente submetidos à rigidez do protocolo, os dominantes possuem todas as liberdades do desembaraço, podendo chegar até os limites dos improvisos mais ousados na forma (por exemplo, os trocadilhos picantes ou embaraçosos que os reis da sociedade cortesã reservavam aos nobres mais bem colocados na Corte; as manifestações de intimidade e descontração que os "donos da vida" (a expressão é de Mário de Andrade) revelam nas poses para as câmeras; a liberdade com a linguagem, legitimada pelo capital simbólico, que permite aos dominantes darem-se ao luxo proposital e "charmoso" de usar formas antiquadas ou mesmo populares; observar também a submissão da classe média ao protocolo, exemplificada na hipercorreção da linguagem).

Propriedades do magistério

> Porque os indivíduos ou os grupos são objetivamente definidos não apenas pelo que são, mas também pelo que são reputados ser, por um *ser percebido* que, mesmo que dependa estreitamente de seu ser, nunca lhe é completamente redutível, [a ciência social] deve levar em conta as duas propriedades que lhes são objetivamente ligadas: de um lado as propriedades materiais [...] e de outro as propriedades simbólicas. (Bourdieu, 1980, p.233)

Nas cartas apreende-se a organização dos valores do magistério a partir de dois pólos concorrentes: primeiro, o *etos missionário* da profissão – caracterizado por um conjunto de valorações que denotam invariavelmente o sentido vocacional do professor (carisma), além da renúncia e do despreendimento do magistério, ao lado de esforços e abnegações ("quantiosas canseiras") – majoritário entre as professoras primárias e nas cartas endereçadas ao CPP, mas praticamente desaparecendo nas cartas publicadas no *AN*; segundo, o *etos do trabalho* da carreira – conjunto de valorações mais tendentes a ressaltar as virtudes laboriosas do trabalhador educacional e as capacitações propriamente pedagógicas do professorado – majoritário entre os professores e professoras licenciados e aparecendo nos dois periódicos, mas com maior freqüência no *AN*.

Comparado ao etos missionário, muito mais antigo e, por isso mesmo, dotado de maior força de evidência, o etos do trabalho do magistério desenvolve-se ao longo da década e apresenta-se inicialmente como aspiração de uma profissão recém-profissionalizada, ou em processo de profissionalização, mas certamente ainda dotada, em parte, de atributos alheios ao profissionalismo *stricto sensu*. Importa aqui constatar que o etos do trabalho, resultado de uma reestruturação das disposições pretéritas do professorado, não abre mão de algumas características do etos missionário (idealismo, carisma, dedicação, moral ocupacional caracterizada pelo espírito de doação), recursos decisivos para a distinção da profissão no universo simbólico, ao lado de outros já propriamente profissionais, como competência, e que o *habitus* do professorado, assim como o das profissões em geral, é simultaneamente um ofício, dotado de técnicas e referências técnicas, e um conjunto de valores, isto é, de crenças (cf. Bourdieu, 1984, p.114), razão pela qual carece de sentido, a partir da perspectiva adotada neste estudo, uma dicotomia que ficou famosa no campo da análise educacional brasileira num passado recente e que opunha competência técnica a compromisso político.

Esses dois pólos apresentam-se complementares à "ansiedade por reconhecimento", recurso compensatório pelos escassos créditos tanto materiais quanto simbólicos obtidos por todos os membros do professorado, mas particularmente pelos agentes do magistério colocados nas posições mais baixas do campo, geralmente mulheres. Esse recurso termina, pelas vias de um efeito de introjeção, por dotar o professorado de um enobrecimento fictício, embora socialmente bem fundado. Essa propriedade aparece indistintamente nas cartas enviadas aos dois periódicos. Valores práticos adquiridos como um direito de entrada no campo, um pressuposto tácito, um "impensado", adesão pré-reflexiva que é produto dos esquemas de classificação do professorado, esses valores são ambíguos, pois, produzidos em condições sociais triplamente dominadas, são condição de "reconhecimento" destas (nos dois sentidos da palavra reconhecer anteriormente referidos, quais sejam, no de "admitir como certo e aceitar" e no de "conhecer de novo e dar a conhecer"), elementos simultaneamente subjetivos e objetivos tanto da percepção que se tem do professorado, como desqualificado e desvalorizado – agentes "negativamente privilegiados" –, quanto da percepção que o professorado tem de si mesmo.

As propriedades materiais são as mesmas dos agentes colocados nas posições mais baixas do intermédio social, funcionários públicos situados em colocações inferiores das hierarquias funcionais, ou seja, aquelas que, se por um lado garantem um mínimo de previsibilidade, visto tratar-se de funcionários públicos estáveis (exceção feita aos ACTs, profissionais contratados por tempo limitado, os "precários", como eles mesmos se chamavam), por outro não os livram do sentimento de insegurança e desproteção. Tais propriedades são sentidas e vividas por todos como bastante insuficientes, dadas as expectativas de retornos materiais tanto pelas vantagens e regalias da corporação, ilusões funcionais paulatinamente destruídas, como pela importância social da profissão, ficção infinitamente reativada pelos valores ambíguos do magistério.

Cartas do professorado

Propriedades simbólicas do magistério (etos missionário)

"O professor é um artista: embora mal remunerado, trabalha com amor" (*JP*, n.225, out. 1987, p.7); "Ser mestre não é nenhum negócio que enriquece. É abraçar um sacerdócio que engrandece, enobrece!" (*JP*, n.226, nov./dez., 1987, p.7); "Ser mestre é combater a ignorância, batalhar contra os vícios, conduzir a infância e a juventude, e trabalhar pela glória e grandeza da Pátria" (*JP*, n.200, maio, 1984, p.7); "Apesar de tudo [desilusão e injustiça], muitos, muitos ainda conseguem ser professores neste país, e professores pra valer, professores de verdade. Milagre, heroísmo, vocação inata, autenticidade pessoal? Um pouco de tudo, talvez" (*JP*, n.227, fev. 1988, p.5); "Empunhando a crucificante bandeira do professor" (*JP*, n.217, jun. 1986, p.5); "Parabéns aos verdadeiros líderes da educação, brasas ativas, descobertas, que ocupam seu espaço iluminando com entusiasmo as gerações que lhes são confiadas" (*JP*, n.203, out. 1984, p.7); "Todos sabemos que nossa profissão é considerada penosa" (*JP*, n.202, set. 1984, p.7); "Profissão tão sublime e importante, mas tão cheia de espinhos" (*JP*, n.210, ago. 1985, p.5); "A profissão que abracei foi um verdadeiro sacerdócio, uma magnífica profissão de fé" (*JP*, n.203, out. 1984, p.7).

Propriedades simbólicas do magistério (etos do trabalho)

"Professor é um profissional, responsável por um trabalho pedagógico e educativo junto aos alunos, e não para ficar correndo atrás de pagamento praqui e acolá" (*AN*, n.103, out. 1983, p.2); "O professor é peça-chave no sucesso do processo ensino-aprendizagem" (*AN*, n.129, maio/jun. 1986, p.2); "Tenho sido alvo de acusações e insinuações que colocam em dúvida minha conduta profissional e moral pelo diretor da EEPG Anne Frank [...]" (*AN*, n.132, set./out. 1986, p.2); "Nos últimos dois anos, o governo [...] vem assistindo de braços cruzados à evasão dos profissionais de ensino das escolas de 1º e 2º graus (*AN*, n.156, mar./abr. 1989, p.2); "Como vêem, não sou tão leigo no assunto, coisa imperdoável a um professor mesmo em início de carreira como eu" (*AN*, n.137, abr./maio, 1987, p.2); "Todo profissional tem seus direitos e deveres. Todos lutam por seus direitos, mas muitas vezes se esquecem de seus deveres. [...] Quais são os deveres do professor? Em primeiro lugar, estar comprometido com a educação e com os seus alunos" (*AN*, n.147, maio, 1988, p.10); "Para onde foi a responsabilidade, a seriedade do trabalho didático? Se o ensino público vai mal, cabe uma parcela de responsabilidade aos pais e aos professores" (*AN*, n.147, maio, 1988, p.10); "Tenho a impressão de que a ânsia em atualizar-me profissionalmente [...]" (*JP*, n.205, fev. 1985, p.5).

Propriedades simbólicas do magistério
(ansiedade por reconhecimento)

"Educar, instruir são artes das mais difíceis e, confesso, a maioria do professorado faz por merecer o reconhecimento dos nossos superiores, colegas e pais de alunos" (*JP*, n.211, set. 1985, p.7); "Pasma-nos o descaso com que parcelas da sociedade atualmente tratam os educadores, obscurecendo o valor real dos profissionais da educação" (*JP*, n.210, ago. 1985, p.5); "Aos mestres digo que o porvir dignificará a sua situação, assegurando-lhes incondicionalmente o bem-estar material de que necessitam, elevando-os no conceito civil à altura de suas funções, dando-lhes a autoridade moral que tornará mais eficaz os seus esforços" (*JP*, n.212, nov. 1985, p.2); "Sinto-me honrada por fazer parte de uma classe nobre" (*JP*, n.199, mar. 1984, p 4); "Uma profissão que já foi motivo de poesia, de música, foi o sonho de todas as crianças de uma geração. Não é à toa que nossa profissão está tão desmoralizada e tão mal remunerada" (*AN*, n.121, jul. 1985, p.2); "Em vez de nomes de ilustres educadores ou líderes da causa do ensino na fachada das escolas, dá-se o nome a cantores de samba, ilustres desconhecidos, e se assim continuar teremos nomes de craques de futebol, dançarinos de boates e outros, em vez de nomes de homens que deram o melhor de si em prol da causa da educação" (*JP*, n.198, fev. 1984, p.5); "Classe tão operosa e insubstituível quanto injustiçada" (*JP*, n.196, out. 1983, p.5); "Ou só aceitam [os editores] o que é feito por lingüistas, só recebem trabalhos prontos, já consagrados, em detrimento do trabalho já experimentado, pelo fato de que um educador alfabetizador não tem 'status'?" (*AN*, n.117, mar. 1985, p.2).

Propriedades materiais do magistério

"[...] e é por causa dessa diminuição em nossos salários [...] que sofremos os efeitos de uma remuneração tão baixa e que nem os aumentos irrisórios podem amenizar as nossas necessidades mais urgentes, no vaivém diário" (JP, n.200, maio, 1984, p.7); "Sou desquitada, não recebo pensão alguma, pago aluguel, tenho um filho solteiro ainda, que também faz faculdade e ganha uma miséria. [...] que farei para sobreviver?" (JP, n.204, nov. 1984, p.7); "Sustento minha família com meu salário de professor, mas não compramos nada a prestação, minha esposa não freqüenta salão de beleza e eu não tomo um sorvete sem a minha família" (AN, n.143, out./nov. 1987, p.2); "Sou uma professora primária com 22 anos de magistério estando ainda no padrão inical de carreira, 21A, recebendo portanto o mísero salário de CZ$ 7.077,77, tendo um filho estudando curso para oficial do exército, sendo tudo pago. Estou tentando alugar um quarto e cozinha para morar, mas como fazer se o aluguel é de CZ$ 5.500,00, sendo que para isso a imobiliária exige renda de três vezes esse aluguel? [...] Onde morar? Debaixo da ponte?" (AN, n.141, ago. 1987, p.2); "Minhas condições econômicas como professora aposentada somente permitiram um pequeno apartamento na Cohab de Itaquera" (JP, n.245, mai./jun. 1990, p.7); "Novamente, dentro desta crise econômica em que vivemos, com filhos estudando em faculdade, a vida difícil e sacrificada do magistério, e procurando melhorar dentro da carreira, venho novamente a ser prejudicada no meu minguado salário" (AN, n.120, jun. 1985, p.2).

3

Salários e recrutamento

Com o objetivo de reunir mais elementos que possibilitem apreender as condições de produção dos valores práticos dos agentes do magistério, são apresentadas a seguir informações resumidas sobre a situação salarial dos membros do magistério oficial paulista durante os anos 80, obtidas da dissertação de Harry E. Klein, *Os salários dos professores I e III da rede pública estadual de São Paulo*, defendida na Faculdade de Educação da USP em 1991.

A escolha dos resultados desse trabalho deu-se por duas razões: primeiro porque é raro obter, num só estudo, uma massa de dados sobre a situação salarial dos agentes do magistério suficientemente grande para servir de suporte à análise. Em geral os melhores estudos apresentam curvas que expressam o comportamento dos índices de salário real, ou seja, da massa salarial anual do professorado I e III, cruzando essas curvas com a do salário mínimo (como em Primo *et al.*, 1993), mas não adotando uma perspectiva relacional, isto é, não incorporando informações sobre os salários dos outros segmentos do magistério (direção, supervisão, orientação pedagógica, etc.), dos demais especialistas da rede pública municipal de São Paulo (ou de outras cidades), sobre o poder de compra do professorado (por exemplo, dos gêneros de primeira necessidade) e, sobretudo, não relacionando os salários dos professores com os de outros segmentos do funcionalismo não pertencentes à educação pública (juízes, promotores, assessores, etc.). Em geral também não se comparam os salários do magistério de São Paulo com os de outros

Estados do país (aqui omitida). Em segundo lugar, por questões metodológicas: o trabalho de Klein recorre a diversos deflatores permitindo que uns corrijam os outros, aproximando-se com isso de uma situação mais próxima da real.

Os deflatores utilizados por Klein foram os seguintes: ICV-Dieese, índice do custo de vida do Departamento Intersindical de Estatística e Estudos Socioeconômicos, IPC-Fipe, índice de preços ao consumidor da Fundação de Pesquisas Econômicas, o salário mínimo, o preço do dólar americano no câmbio oficial, o preço do quilo dos seguintes gêneros: carne bovina de primeira, arroz agulha, feijão mulatinho, pão de sal comum, e do litro de leite natural. "E assim, com nove diferentes tipos de deflatores poderemos ponderar uma combinação dos diversos resultados obtidos pelos diferentes deflatores para obter um resultado comum" (Klein, 1991, p.8).

As informações colhidas em Klein dão conta de que os piores anos salariais para o professorado III, desde 1963, foram 1984, 1988 e 1983. O ano de menor poder aquisitivo foi 1984 e o de maior, 1964. Considerando o período 1963-1990, o professorado III sofreu uma perda real no poder de compra de seu salário anual de 71,03% (segundo o ICV-Dieese) ou 15,21% (segundo o IPC-Fipe).

> Ou seja, a década de 80 é considerada como o tempo de pior poder aquisitivo para o professor III, mas existe uma exceção, o ICV-Dieese, que mostra o ano de 1990 como o pior ano salarial para o professor III, e mesmo assim como conseqüência das dificuldades salariais ocorridas em 1988 e 1989 para este profissional. (Klein, 1991, p.124-5)

Para o professorado I, os piores anos salariais também foram 1984, 1988 e 1983. O ano de maior poder aquisitivo foi 1979 e o de menor, 1984. Considerando o período 1963-1990, o professorado I sofreu uma perda no poder de compra de seu salário anual de 48,45% (ICV-Dieese) ou 50,83% (IPC-Fipe).

> Quanto [...] ao poder aquisitivo salarial do professor I [...] todos estes deflatores indicam [como pior época salarial] em primeiro, ou em segundo, ou mesmo em terceiro lugar a década de 80; a única exceção é o deflator dólar que indica a década de 1960. (Klein, 1991, p.143)

Com relação aos demais segmentos do magistério, as informações de Klein dão conta da situação salarial durante o período por ele analisado (1963-1990), a seguir descrita no Quadro 1. Observa-se que os problemas salariais, embora atinjam a todos indistintamente, apresentam certas peculiaridades para cada segmento:

Quadro 1 – Salários no magistério (1963-1990)

Segmento	Piores anos salariais	Melhores anos salariais	Anos de maior e menor poder aquistivo
Orientador educacional	1984, 1983 e 1988	1979, 1970 e 1963	1979 e 1984
Coordenador pedagógico	1984, 1983 e 1988	1979, 1987, 1990, 1980 e 1981	1979 e 1984
Assistente de direção de escola	1984, 1983 e 1985	1979, 1988 1990 e 1987	1979 e 1984
Diretor de escola	1984, 1983 e 1985	1964, 1965, 1979, 1973 e 1990	1979 e 1984
Supervisor de ensino	1984, 1983 e 1985	1970, 1979, 1971 e 1975	1964, 1965 e 1984
Delegado de ensino	1984, 1983 e 1985	1979, 1970 e 1971	1979 e 1984

Fonte: Klein, 1991

Com respeito à relação que os salários do professorado I e III da rede estadual de São Paulo, e dos demais segmentos do magistério, guarda com os de seus colegas da rede pública municipal da cidade de São Paulo, Klein observa:

> A vantagem salarial do professor III municipal com relação ao seu colega estadual é bastante nítida, pois durante o período de 1979 a 1990, em apenas dois anos, ou seja, 1987 e 1988, o professor III municipal teve uma posição salarial inferior ao professor III estadual. Enquanto o professor III municipal chegou a ganhar 38%, 43% e até 54% a mais no seu salário do que o professor III estadual, este último, nos dois anos em que teve uma vantagem salarial, ganhou 10% e 23% a mais do que o seu colega municipal. [...] A posição de vantagem salarial do professor I municipal com relação ao seu colega estadual é ainda mais agravante que a do professor III, pois de 1979 a 1990, em apenas dois anos, 1987 e 1988, o professor estadual teve um salário superior ao seu colega municipal, e mesmo assim uma vantagem de 6% e 9%, enquanto o professor I municipal, nos dez anos em que teve um salário superior ao professor I estadual, teve vantagens de 37%, 45% e até 62%. [...] A situação salarial [dos demais segmentos do magistério] da rede pública estadual também é inferior a dos seus respectivos colegas da rede pública municipal, só que mais suave que as situações dos professores III e I estaduais. (p.397-8)

A posição salarial do professorado III estadual em relação à de outros funcionários públicos do estado de São Paulo pode ser vista no Quadro 2 a seguir:

Quadro 2 – Salário dos funcionários estaduais em número de salários mínimos

Posição	Em 1º de setembro, 1968		Em 1º de janeiro, 1990	
	Segmento	Salários mínimos	Segmento	Salários mínimos
1º	Promotor público	16,1	Promotor público	26,4
2º	Dentista	12,2	Delegado de polícia (V classe)	13,7
3º	Professor III	10,7	Professor III	5,2
4º	Bibliotecário	10,4	Médico	5,0
5º	Administrador	10,4	Dentista	4,6
6º	Médico	9,7	Administrador	4,6
7º	Delegado de polícia (V classe)	8,9	Bibliotecário	4,0

Fonte: Klein, 1991, p.265

Nessa "bolsa de valores" do funcionalismo público estadual de São Paulo, não é possível deixar de perceber a permanência dos promotores públicos na ponta superior da escala salarial, inclusive com ganhos nas suas ações de 10,3 salários mínimos durante o período, e a extraordinária ascensão das ações dos delegados de polícia, que passaram da sétima para a segunda posição relativa. Embora tenham permanecido na terceira posição, as ações dos professores III foram desvalorizadas em 5,5 salários mínimos durante o período. O quadro acima talvez ajude a relativizar o drama do magistério quando se constata que os dentistas do serviço público estadual, cujos investimentos de formação são reconhecidamente mais elevados que os do professorado III, tiveram perdas salariais mais acentuadas (7,6 salários mínimos) durante o período, evidenciando baixos investimentos, por parte do poder público, também na folha de pagamento do pessoal da saúde pública.

Recrutamento: condições socioeconômicas dos membros do magistério oficial paulista

É possível inferir as condições socioeconômicas do pessoal docente do magistério paulista (embora aqui não detalhadamente) pelas vias indiretas do grau de formação. Como se sabe, nos anos 80, assim como atualmente, o sonho de acesso a uma escola de nível superior (acesso, permanência e conclusão) dos agentes situados nas posições mais baixas do espaço das posições sociais era (e ainda é) raramente realizado. Em contrapartida, o acesso a uma universidade era (e ainda é) um destino quase inevitável para os agentes situados nas posições mais elevadas e constituía (e constitui) um elemento de distinção e prestígio para os indivíduos do intermédio social, embora para estes isso não se traduza necessariamente em ascensão social, mas sim, e em geral, apenas constitua uma adaptação relativa a uma sociedade tendente a concentrar a população economicamente ativa no setor terciário, cujo acesso aos melhores postos é potencializado pelo diploma universitário.

Além disso, considerando o

> desequilíbrio do número de matrículas dos três graus de ensino, que, *grosso modo*, desenha um modelo piramidal de oportunidades e o conseqüente privilégio daqueles que conseguem alcançar o mais alto grau de ensino, [o que se pode concluir] é que a parcela da PEA [população economicamente ativa] paulista que

postula e chega a cursar o ensino superior provém de uma origem social média para alta. (Setton, 1989, p.35)

Dado que a maioria do pessoal docente do magistério possuía na época diploma de 3º grau, infere-se que o mesmo era majoritariamente composto de agentes oriundos das posições médias do espaço social. Observa-se nas duas tabelas a seguir que o 1º grau é ainda significativamente lecionado por agentes formados na Escola Normal (29,3%), estes praticamente desaparecendo no contingente docente do ensino de 2º grau (1,5%). Os agentes com formação de 1º grau, como se constata, eram residuais.

Tabela 2 – Pessoal docente do ensino de 1º grau, por nível de formação (rede estadual)

	Nível de formação			
	1º Grau	2º Grau	3º Grau	Total
COGSP	220	23.914	43.711	67.845
CEI	208	22.431	67.912	90.551
Est. São Paulo	428	46.345	111.623	158.396
	0,3%	29,3%	70,4%	100%

Fonte: *Anuário Estatístico de Educação do Estado de São Paulo*, 1987 (COGSP, Coordenadoria de Ensino da Grande São Paulo, CEI, Coordenadoria de Ensino do Interior)

Tabela 3 – Pessoal docente do ensino de 2º grau, por nível de formação (rede estadual)

	Nível de formação			
	1º Grau	2º Grau	3º Grau	Total
COGSP	0	138	15.341	15.479
CEI	0	444	21.688	22.132
Est. São Paulo	0	582	37.029	37.611
	0	1,5%	98,5%	100%

Fonte: *Anuário Estatístico de Educação do Estado de São Paulo*, 1987.

As informações das Tabelas 2 e 3 são complementadas pelas informações das duas a seguir, relativas à natureza da formação de 3º grau dos agentes do magistério. A importância das informações que seguem pode ser aquilatada se for considerado que os agentes das posições médias mais bem dotados – em capital cultural, de relações sociais e econômico – orientam suas estratégias, em consonância com as estratégias familiares, para os cursos de nível superior mais rentáveis (engenharia, direito, medicina, entre outros), carreiras que ou preservem a posição da família ou potencializem alavancagens compatíveis com os capitais disponíveis. Em contrapartida, se o volume e a composição dos capitais individuais e familiares não autorizam estratégias mais ambiciosas, os agentes são mais ou menos encaminhados, por todas as coações visíveis e invisíveis, a optar por cursos

Tabela 4 – Pessoal docente de 1º grau, formado no 3º grau, 1986

3º grau incompleto	Pedagogia, Licenciaturas	Outro curso completo
7.022	124.925	3.063
5,2%	92,5%	2,3%

socialmente mais modestos, licenciaturas e sobretudo pedagogia (as Tabelas 4 e 5 a seguir foram adaptadas de Setton, 1989, p.186)[15].

Tabela 5 – Pessoal docente de 2º grau, formado no 3º grau, 1986

3º grau incompleto	Pedagogia, Licenciaturas	Outro curso completo
3.813	48.546	6.004
6,5%	83,2%	10,3%

Magistério primário e tradicionalismo

A já clássica pesquisa de Aparecida Joly Gouveia operacionalizou o conceito de tradicionalismo por meio da "conversão desse conceito em graus de aferição empírica" (1970, p.36). Assim, o tradicionalismo poderia ser caracterizado a partir do conjunto dos valores práticos de que está imbuído: os filhos devem obedecer aos pais, uma moça não deve se casar sem a autorização destes, deve-se auxiliar mais os familiares que os amigos, os filhos devem obediência aos pais mesmo depois de casados, entre outros (p.37). Outro fator caracterizante do tradicionalismo, segundo a autora, parece ser o grau de instrução: o *continuum* tradicionalismo-modernismo acompanharia as credenciais escolares dos agentes, ou seja, por exemplo, uma moça nascida numa

---

[15] A compressão salarial dos agentes do magistério público favorece a uma espécie de "recrutamento adverso": "O rebaixamento dos salários dos professores acaba por afastar os melhores profissionais da rede de ensino pública, os quais passam a procurar outras colocações mais rentáveis em escolas da rede particular ou mesmo em outro tipo de ocupação" (Fracalanza, 1999, p.112).

família cujo chefe possui diploma universitário teria mais probabilidade de ser moderna que uma nascida numa família cujo chefe possui o 2º grau (p.122).

Analisando as respostas de um questionário submetido a moças normalistas de São Paulo e Minas Gerais em 1960, a autora chega, entre outras, a uma conclusão importante para o presente estudo, qual seja, a de que os valores que inclinariam ao magistério seriam condicionados pelas origens sociais modestas e pelo tradicionalismo da normalista: o magistério primário seria, portanto, uma

> profissão particularmente atraente a moças de origem modesta que não teriam facilidade de acesso a empregos concedidos à base de critérios mais "particularistas" (tais como relações de família no mundo dos negócios ou das altas esferas governamentais [capital de relações sociais])". [Portanto] parece razoável supor que tais circunstâncias afetariam não apenas os planos concretos das normalistas mas, também, as suas próprias aspirações que, assim, se modelariam em consonância com os dados da realidade. (Gouveia, 1970, p.31-2)

Ou, por outra: "a inclinação ao magistério encontraria o terreno mais propício entre moças tradicionais, provenientes de famílias modestas e pouco instruídas" (idem, p.124).

A partir da análise de cartas de professoras primárias endereçadas ao *JP*, feita anteriormente, a presente investigação permite considerar que a conclusão de Aparecida Joly Gouveia permanece inteiramente válida para as professoras primárias com formação de 2º grau em atividade em São Paulo nos anos 80. Relacionalmente, as professoras primárias com formação de 2º grau são ainda as mais tradicionais do magistério e as de origens sociais mais modestas (famílias pobres ou ocupantes dos lugares mais baixos das posições médias, pouco instruídas), mesmo considerando as mudanças socioeconômicas ocorridas no país dos anos 50 aos 80, logo, a mudança no perfil do tradicionalismo e, por conseguinte, considerando que as professoras primárias dos anos 80 seriam menos tradicionais do que as dos anos 60.

A diversificação do cardápio profissional acessível à mulher corrobora essa afirmação, pois nos anos 80 a mulher já tinha tantos postos de trabalho à sua disposição que freqüentar a Escola Normal e trabalhar no magistério primário parece ser uma opção às moças e mulheres cujas trajetórias profissionais apresentam-se mais obstaculizadas (tanto material quanto simbolicamente), configurando, portanto, a vocação pelo magistério como uma "chamada ao realismo". Nesta, todavia, há variantes que precisam ser observadas. Num universo de moças pobres poder-se-ia aventar a hipótese de que todas, dadas as facilidades relativas de ingresso no magistério, estariam inclinadas à profissão. Mas a pesquisa de Gouveia mostrou que isso não corresponde aos fatos: *as condições de realidade* não desestimulariam

> as moças de situação modesta que aspiram a outras profissões [...] [mas parece que] afetam as "tradicionais" potencialmente inclinadas para o "lar". A conjunção dos dois fatos [...] levou à hipótese de que o magistério representaria uma espécie de segunda escolha para um certo número de moças "tradicionais" de famílias modestas: não lhes sendo possível alimentar o sonho da dedicação exclusiva ao lar, estas moças se voltariam para o magistério. (Gouveia, 1970, p.125-6)

Tudo indica que esse é mais um ingrediente para a ambigüidade da experiência de despossessão material e simbólica vivenciada pelo magistério nos anos 80, pois permite pensar que, a despeito de todas as aparências e do discurso dos periódicos das entidades, em geral inclinados a noticiar as misérias funcionais da profissão, as perdas não foram absolutas e nem como tal inteiramente vividas, exceto provavelmente para os agentes mais autorizados a ter ambições, logo, mais sensíveis a frustrações e mais ansiosos pelo reconhecimento social, e terminariam em muitos casos por encontrar outras saídas, como o prestígio obtido por meio dos postos de liderança sindical, estratégia seguramente detectável na Apeoesp. Para as professoras primárias com formação de 2º grau, só o fato de escapar ao trabalho manual (empregada doméstica, por exemplo, cuja rentabilidade econômica era maior do que a da professora primária na época, conforme noticiado diversas vezes, não sem amargura e revolta, nos periódicos das entidades) parece indicar uma significativa fonte de satisfação pessoal, revelada no fato de poder conciliar o trabalho com o lar, de possuir uma missão ("tarefa íntima": carisma), de "cuidar de crianças", embora elas também não tenham deixado de sentir, como provam as cartas, as frustrações em decorrência tanto da degradação de suas já fracas credenciais simbólicas quanto dos retornos materiais não inteiramente compensadores, conquanto não descartáveis. E, em parte, isso explica a resistência dessa professora primária à greve, pois, mesmo modesto, seu salário entra na composição do ganho familiar. Por outro lado, esta resistência não ocorre com professores e professoras licenciados de origens médias, que, mais ansiosos por reconhecimento, são mais tendentes a encarar seus reduzidos vencimentos como desprezíveis, miseráveis, migalhas.

Os tradicionais argumentos utilizados para justificar o diferencial negativo do salário das mulheres em relação ao dos homens (o caráter complementar dos salários das professoras) não encontram suporte na realidade, pois, pelo menos numa amostra das pesquisas realizadas, 75% das entrevistadas declararam ser o salário de professora a única ou a principal fonte de sustentação econômica da família. Em outras pesquisas constatou-se que o salário das professoras correspondia a 50% de seus orçamentos domésticos (Bruschini, Amado, 1988, p. 7). Entre os professores não era incomum o estereótipo da "professora fura greve sustentada pelo marido". Na foto, assembléia de professores, março de 1984.

Foto: Juca Martins/Agência F4 (Arquivo da Apeoesp)

"Os atos de conhecimento e de reconhecimento práticos da fronteira mágica entre os dominantes e os dominados, que a magia do poder simbólico aciona, e pelos quais os dominados contribuem, muitas vezes à sua revelia, ou até contra sua vontade, para sua própria dominação, aceitando tacitamente os limites impostos, assumem muitas vezes a forma de emoções corporais – vergonha, humilhação, timidez, ansiedade, culpa" (Bourdieu, 1998b, p. 44). Catarse da humilhação em manifestação defronte a Assembléia Legislativa, em outubro de 1986.

Foto: Regina Vilela (Arquivo da Apeoesp)

Parte II
O subcampo das entidades sindicais

4

Dominantes e pretendentes

Por homologia aos demais campos simbólicos, a região do campo educacional, que neste estudo é designada de subcampo das entidades sindicais, é o espaço estruturado de posições (agentes e instituições) concorrentes e complementares em disputa pelo monopólio legítimo da representação sindical do magistério público do estado de São Paulo. O trunfo corrente nessa disputa é a competência propriamente sindical, definida como a competência institucionalmente legitimada de congregar os agentes do magistério em torno de lutas reivindicatórias inseparavelmente pedagógicas e políticas. Isso deve ser creditado ao fato de as entidades sindicais possuírem

> o propósito de lutar pela defesa dos interesses de uma categoria profissional, que foram contrariados ou, então, pelas reivindicações em termos da melhoria das condições de trabalho, das vantagens previdenciárias, etc. São, portanto, interesses de uma categoria particular, como a dos professores ou dos "profissionais da educação". (Cunha, 1996, p.10-1)

Ainda por homologia aos demais campos simbólicos, o que separa as posições do subcampo, independentemente dos projetos e expectativas individuais, é o "critério objetivo do êxito" (cf. Bourdieu, 1987a, p.151), definido a partir da extensão e da qualidade da adesão do público que confere legitimidade às instituições e às lideranças, qual seja, em primeiro lugar os agentes do magistério (luta pelo número de sócios e pela composição destes, professores e professoras primários e secundários, das redes estadual e municipais, do ensino público e do privado, especialistas) e, em segundo lugar, a "sociedade em geral", mormente, como se verá adiante no capítulo 5, os agentes e instituições do campo jornalístico.

O critério objetivo do êxito condiciona as estratégias dos agentes e instituições e, ao mesmo tempo, é condicionado pelo estado de forças do subcampo e por toda a trajetória seguida por este até esse estado, trajetória objetivada no capital simbólico acumulado pelas instituições. Este, em jogo neste subcampo, é a legitimidade sindical conferida pelas instituições investidas do mandato da representação legítima e os lucros são amealhados na forma de sanções não imediatamente econômicas, mas sim na forma convertida do prestígio, do respeito junto à categoria, inicialmente, e, para os agentes colocados nos melhores postos e dotados das disposições que os inclinam à ambição política, na forma de cargos relativamente elevados nas hierarquias políticas.

Para sugerir a dinâmica da concorrência nesse mercado simbólico estruturado por agentes e instituições do movimento sindical do magistério público paulista, talvez seja suficiente afirmar que o subcampo das entidades sindicais revelou-se razoavelmente rentável nos anos 80, sobretudo quando comparado à baixa rentabilidade simbólica do campo educacional (em particular, do magistério). As principais lideranças, cujos capitais permitiram a reconversão de suas credenciais, sendo os agentes que mais sofreram, sem disso ter necessariamente consciência, a desadequação estrutural entre as esperanças suscitadas pela escola e as reduzidas oportunidades propiciadas pelo sistema de ensino, auferiram lucros simbólicos no Movimento de Professores que muito dificilmente teriam conseguido obter em atividades propriamente pedagógicas. Se nas lideranças a desadequação entre esperanças e chances conduziu a lances de reconversão, a saídas para âmbitos simbólica e materialmente mais promissores (deputação, vereança, postos relativamente elevados nas burocracias partidárias, direção de centrais sindicais) nos agentes colocados em postos mais baixos da carreira, sobretudo professoras primárias do interior, conduziu também a todas as formas de desilusão coletiva que são características das vítimas das desclassificações profissionais (cf. Bourdieu, 1998a, p.162).

Salvo engano, ainda está para ser feito um estudo sobre as estratégias de reconversão do capital simbólico acumulado por lideranças sindicais do professorado em capital político, o que pode ser observado, sobretudo na década de 1980, em todo o país e numa extensão que não havia anteriormente. Isso provavelmente deve ser creditado ao terreno fértil à atividade corporativa que foi a década de 1980, pelas razões já anteriormente apontadas, às características e à força do sindicalismo surgido a partir da redemocratização e, talvez decisivamente, à reduzida poupança simbólica interna ao magistério, fator capaz de inclinar fortemente os agentes politicamente mais hábeis da profissão, isto é, as lideranças sindicais, a estratégias de reconversão baseadas no reconhecimento da legitimidade do sistema político, que se traduz entre os integrantes da categoria no eufemismo segundo o qual seria preciso lutar "no parlamento" pelos interesses do magistério.

Essas estratégias de reconversão, ou, se se quiser, de compensação, ou seja, estratégias utilizadas para escapar à desclassificação e recuperar a trajetória de classe (cf. Bourdieu, 1998a, p.170), foram simultaneamente produto e condição de uma certa alteração na adesão dóxica das lideranças do Movimento de Professores, que em parte perdem a confiança nos lucros materiais e simbólicos do sistema de ensino e buscam rentabilidade fora dele, ou melhor, na proveitosa ponte estabelecida entre o sistema de ensino e o campo do poder[16]. De modo que os móveis que separam, juntam e confrontam agentes/lideranças mais capazes/instituições do subcampo das entidades sindicais revelam-se à análise como dotados de valores mágicos, isto é, no mesmo sentido dado por Marx à moeda nas sociedades capitalistas, valores e interesses capazes de prender a todos por sua própria mágica e eventualmente capazes de transfigurar socialmente seus detentores, de membros do magistério – obscuros agentes de um campo dominado – a integrantes do campo do poder.

Com outras palavras, as estratégias opostas e complementares, de subversão, da Apeoesp, e de conservação, do CPP, os ataques e defesas (pessoais e institucionais), as lutas conjuntas e isoladas, a proclamação dos móveis de luta, valores e interesses, a sedução dos associados, os choques internos, visíveis, na Apeoesp, de tendências que se digladiam renhidamente pelo domínio da direção da entidade, enfim, todas as contradanças inseparavelmente pedagógicas e políticas unem e opõem objetivamente os agentes e instituições do subcampo em torno de uma reserva de riquezas capaz de despertar fascínio interessado mesmo nas ações

---

[16] É preciso evitar dar uma prioridade às lideranças da Apeoesp que elas de fato não possuem. A ponte estabelecida entre o sistema de ensino e o campo do poder havia sido feita em décadas anteriores (ver no capítulo 8 o exemplo de alguns líderes do CPP que já haviam galgado postos nas hierarquias políticas). Se as lideranças da Apeoesp não foram as primeiras a tentar utilizá-la, provavelmente foram as primeiras que mais sistemática e coerentemente defenderam as ligações, na forma de militância, dos agentes do magistério com os partidos políticos. Isso muda muito, pois se antes os projetos de ingresso nas carreiras políticas eram opções de certa forma individuais, cujos riscos só podiam ser assumidos pelos agentes mais bem aquinhoados, sobretudo economicamente, agora passam a ser objeto de deliberações dos coletivos sindicais e partidários, que assumem a maior parte dos riscos de campanha, viabilizando assim estratégias de reconversão que de outro modo não seriam possíveis.

aparentemente mais desinteressadas (sempre enunciadas na forma convertida dos interesses comuns do magistério).

Embora isso não estivesse necessariamente nos projetos individuais e coletivos, as práticas dos agentes, ilusionados pelos cabedais em jogo, e exponenciadas pelas posições ocupadas, que os inclinam, como já se disse, à ansiedade por reconhecimento, foram moldadas entre si pelo mesmo princípio que opõe o legítimo ao ilegítimo, princípio que encobre a legitimidade simbólica conferida aos elevados postos no subcampo das entidades sindicais (e no campo político), para as principais lideranças, em geral masculinas, e a ilegitimidade que é propriedade dos lugares mais baixos do magistério, sobretudo para as professoras primárias do interior. Esse princípio, que no campo religioso é o mesmo que estabelece a oposição entre o sagrado e o profano (cf. Bourdieu, 1987a, p.151), separa dois modos de produção simbólica: o legítimo, que produz para os iniciados – visível, por exemplo, nas teses aos congressos da Apeoesp, cifradas numa linguagem esotérica só acessível aos detentores das chaves de decodificação dos códigos, ou seja, ao reduzido cenáculo dos que dominam os termos das lutas passadas e presentes das tendências de esquerda (as lideranças) – e o ilegítimo, que produz para uma demanda socialmente reconhecida como inferior, em geral as professoras primárias do interior.

Mobilidade social: descolamentos verticais e transverssais

Bourdieu define dois tipos de deslocamentos sociais possíveis para os agentes: em primeiro lugar o "deslocamento vertical", ascensão ou queda no campo, produzido por acúmulo ou perda do capital específico do próprio campo (isso pode ser exemplificado, no sentido ascendente, pelas carreiras sindicais das principais lideranças da Apeoesp dos anos 80), e em segundo o "deslocamento transversal", que implica a passagem de um campo a outro e que, considerando a hierarquia entre os campos, que também pode ser realizado no sentido ascendente ou descendente.

Os deslocamentos verticiais, os mais freqüentes, supõem apenas uma modificação do volume da espécie de capital já dominante na estrutura patrimonial [...], logo um deslocamento na estrutura de distribuição do volume global do capital que toma a forma de um deslocamento nos limites de um campo específico (campo das empresas, campo escolar, campo administrativo, campo médico, etc.). Ao contrário, os deslocamentos transversais supõem a passagem de um campo a outro, logo a reconversão de uma espécie de capital em uma outra ou de uma subespécie de capital econômico ou cultural em uma outra. (Bourdieu, 1979, p.146)

Neste caso o exemplo é a reconversão feita pelas lideranças sindicais do professorado que, simultaneamente, conseguiriam manter suas posições verticais no subcampo das entidades sindicais e ocupariam posições mais prestigiosas no campo do poder. Restringindo-se apenas aos postos mais lucrativos, nos anos 80 a Apeoesp conseguiria eleger pelo menos dois deputados federais e três estaduais e o CPP manteria seu carismático presidente na condição de deputado (estadual e federal) em seguidas legislaturas.

CPP e Apeoesp: fontes de campo

Como já se afirmou no prólogo a este estudo, o subcampo das entidades sindicais do magistério paulista foi, nos anos 80, inteiramente definido pelo conflito bipolar estabelecido entre o CPP e a Apeoesp. Todas as demais entidades foram rotineiramente chamadas a manifestar-se a respeito dos móveis de lutas produzidos nesse eixo definidor do subcampo. Ou seja, o CPP e a Apeoesp deformaram, em virtude de seus respectivos pesos específicos, o subcampo de forças das associações do magistério paulista na década de 1980, obrigando a todas as demais a um posicionamento mais ou menos automático em relação às classificações e móveis de lutas originados nessas entidades. Bourdieu (1997a, p.17) chama a esse tipo de deformação dos campos de "metáfora Einstein", por analogia à descoberta da teoria da relatividade geral segundo a qual grandes massas deformam a região do campo gravitacional em torno delas, desviando a trajetória da luz; analogamente, as grandes empresas deformam o campo econômico, os grandes políticos deformam o campo político, os grandes cientistas, o científico etc., forçando todos os demais agentes do campo considerado a fazer referência a esses pólos, que desse modo funcionam objetivamente como "fontes de campo".

No início da década de 1980 o CPP detinha o monopólio da representação sindical legítima: era a entidade mais prestigiosa, com maior número de associados, com uma relativamente soberba estrutura material, com um passado de lutas sempre reativado na memória e com uma liderança carismática, o seu presidente professor Sólon Borges dos Reis, com larga experiência de passagens pelo campo do poder. No decorrer dos anos, a dinâmica das lutas, a combatividade das novas lideranças que ocupariam a direção da Apeoesp no começo da década e, sobretudo, a mudança na composição das disposições dos membros do magistério, parte deles agora mais inclinados às reivindicações propriamente profissionais (sobretudo salariais), disposições essas açuladas à plena expressão pelas promessas criadas pelo sistema político e, em seguida, frustradas, vão paulatinamente coagindo o CPP a dividir o monopólio da representação com a Apeoesp, que se consolidaria vitoriosamente ao longo da década. No final dos anos 80, o subcampo das entidades sindicais do magistério paulista estaria configurado (até novas mudanças): as duas entidades mais legítimas dividiriam entre si as maiores reservas de mercado da representação sindical e as demais gravitariam com fatias específicas da representação em torno de um alinhamento relativamente automático com uma ou outra das entidades centrais do subcampo.

A heteronimia do subcampo das entidades sindicais

Em que pese a autonomia relativa do sistema de ensino, conquanto constantemente ameaçada, o subcampo das entidades sindicais revela-se à análise como a região mais heterônoma do campo educacional. Embora os professores possam sempre ter ambições de "liberdade de ensino" e mesmo que possuam critérios próprios para determinar praticamente a legitimidade dos móveis de luta e os limites do campo educacional, estão, nas disputas corporativas, submetidos mais imediatamente à tutela direta ou indireta do Estado e à influência dos demais poderes externos, sobretudo, e em certas circunstâncias, ao campo jornalístico. De fato, a autonomia de que gozam as entidades de classe do professorado é relativamente escassa, a despeito de todas as declarações de independência, reiteradas no CPP quanto às suas vinculações inconfessadas à burocracia da Secretaria da Educação, e fortes na Apeoesp no que diz respeito às suas sempre desmentidas mas evidentes ligações com partidos de esquerda, sobretudo com o PT. Essa submissão das entidades deve ser seguramente creditada à ação do Estado e do sistema político na regulação dos conflitos sociais e também, nesse sentido mais do que as entidades de outros segmentos do funcionalismo público e de profissionais liberais, em razão das próprias vinculações de todo o sistema de ensino, e o setor público notadamente, com as políticas públicas do Estado.

Mas parar por aqui seria sem dúvida permanecer presa do pensamento de Estado: além da ação do Estado deve também ser considerado que o subcampo das entidades sindicais do magistério possui uma autonomia constantemente ameaçada em razão da própria inserção do sistema de ensino nos processos gerais de reprodução social. Ou seja, a ameaça à autonomia do subcampo deve-se ao fato de o sistema de ensino estar organizado de modo a garantir sua própria reprodução e, com isso, garantir não só as condições de reprodução social pela reprodução dos produtores (reprodução técnico-profissional), como também, por meio do diploma, pela reprodução dos postos e cargos legítimos – legitimação dos cargos ocupados, processo que libera a ocupação dos cargos das competências estritamente técnicas, razão pela qual, como já se disse, recai sobre o sistema de ensino a hostilidade dos agentes econômicos (cf. Bourdieu & Boltanski, 1998, p.130). Este fato afinal faz do sistema de ensino objeto de disputa por parte dos diferentes grupos sociais, portanto, faz de sua autonomia relativa objeto de disputa de toda a sociedade, e isso insere direta ou indiretamente o sistema de ensino nas estratégias de distinção de todos os grupos sociais.

A heteronimia do subcampo das entidades sindicais, em particular, e do sistema de ensino, em geral, não deve por conseguinte ser creditada a uma pretensa vontade originada nas classes dominantes de subjugar o Movimento de Professores, ou melhor, ao fato de o Estado organizar "estratégias para tentar controlar, desvalorizar e desmobilizar a categoria profissional que atua na rede pública de São Paulo" (Geraldi, 1996, p.31; cf. também Oliveira, 1992), como se esta estivesse de alguma forma dotada de potenciais subversivos explosivos, ficção que de modo algum resiste à análise, mas sim à inserção do próprio sistema de ensino na reprodução das formas de classificação socialmente sancionadas, na reprodução dos esquemas de pensamento e ação socialmente aceitos, na garantia dos cargos por meio da ficção bem fundada dos diplomas, inserção essa cujos efeitos são apenas garantidos (na lei) e duplicados pela ação do Estado.

As diferentes atualizações do *habitus*

Nos anos 50, a reação do professorado, sobretudo o primário, à degradação imposta aos seus salários e às suas condições de trabalho, bem como ao desprestígio de suas credenciais simbólicas, deu-se em direção a um "esforço de preservação ou mesmo de reconquista da posição hierárquica de sua ocupação na etapa pré-urbano-industrial e nos estágios menos avançados da etapa urbano-industrial" (Pereira, 1969, p.188). Nos anos 80, a reação foi sobremodo ambígua: quase profissionalizado – logo quase imerso em uma lógica que privilegia, por um lado a racionalização dos serviços e produtos e, por outro, uma remuneração adequada aos serviços prestados, muito embora a representação da profissionalização ainda faça uso de expedientes inclinados a apresentar o trabalho docente como missão e desinteresse, representação essa mais vincada entre as professoras do primário –, o professorado oscilou entre uma reação "conservadora", de preservação e reconquista no sentido anteriormente citado – cujo melhor exemplo é a clientela do CPP[17] – e uma outra igualmente "conservadora", mas em outro sentido e sob todas as aparências de progressismo: no sentido de pregnância ou de cumplicidade com o nivelamento promovido pelo desenvolvimento urbano-industrial entre assalariados manuais e não-manuais.

Para esta segunda reação o exemplo mais nítido é a operação da Apeoesp de dotar o professorado paulista simultaneamente de disposições que o fizesse valorizar o profissionalismo e de uma identidade que o aproximasse do trabalhador, personagem indistinto e quase mítico que tanto podia ser um jornalista quanto um metalúrgico – "há jornalistas assalariados, portanto trabalhadores como quaisquer outros [...]" (*AN*, n.101, jul./ago. 1983) –, mas que

---

17 "Nos dias que correm, quando leio num jornal a espaçosa campanha subterrânea contra escolas e professores, num movimento, como outros, de contestação a valores legítimos de nosso magistério, a vida e a obra de Amélia Ramponi vale como lembrança da grandeza do nosso apostolado educador" (*JP*, n.190, mar. 1983, p.3).

nunca ocultava o sentido de explorado, inimigo "ideal" da ordem capitalista e arauto de felicidades futuras:

> Há duas questões básicas que dificultaram que até mesmo se fizesse a discussão. A primeira é o corporativismo, ou seja, a noção de que somos um corpo diferente dos outros setores, que nossos problemas e suas soluções são também diferentes e que, portanto, não podemos nos misturar. É fato que temos especificidades. Somos trabalhadores em educação, mas, antes da especificidade em educação, há o comum: trabalhadores. Aliás, uma de nossas lutas é para sermos reconhecidos como **profissionais**, portanto, trabalhadores com direito de se organizarem sindicalmente e negociarem. E como **trabalhadores** temos mais coisas em comum com outros trabalhadores do que diferenças. Vivemos a mesma realidade histórica, a mesma política econômica e salarial, sofremos o mesmo arrocho e, por isso, nossas reivindicações são comuns. Mais ainda, sempre assumimos a forma de organização (sindicato) e formas de luta (atos, passeatas, greve) do conjunto da classe trabalhadora. ("A greve e a CUT", *AN*, edição especial anexada ao n.132, set./out. 1986, p.7, negritos do periódico)

As duas reações, convivendo e competindo no mesmo espaço social e simbólico, diferentes atualizações do *habitus* do professorado, constituíram reações possíveis à degradação material e simbólica do magistério público. A primeira é efeito da histerese do *habitus*, ou seja, da permanência de certas disposições mesmo quando as condições sociais nas quais estas foram produzidas desapareceram ou foram modificadas. A segunda é um *efeito de teoria*: assim como a classe social de Marx – cuja existência, diz Bourdieu (1987b, p.153), só ocorre no papel – pode existir realmente em virtude de um efeito de construção teórica efetivada na prática por um agente coletivo – o partido revolucionário –, o trabalhador educacional, que talvez já existisse nos desvãos mais recônditos da prática, o que justifica dizer que afinal o efeito foi "bem fundado", pode passar de ficção teórica – no papel ou nas cabeças – à realidade socialmente constituída, por obra sobretudo de um agente coletivo, o sindicato[18].

Por mais objetivante que seja o analista, é quase impossível não se admirar e se surpreender com a enorme realização das lideranças da Apeoesp nos anos 80. Há de se considerar todas as dificuldades encontradas e a inexperiência dos líderes (que estavam em formação), feito observável num lugar onde geralmente não é procurado, ou seja, não em tais ou quais vitórias reais ou fictícias, aumentos, reajustes e reposições salariais logo a seguir corroídas pela inflação, mas no trabalho razoavelmente bem-sucedido de fabricar um grupo social um tanto coeso e homogêneo, fato só possível dadas as proximidades das posições sociais dos submetidos às mesmas palavras de ordem, bandeiras, lemas, signos e esperanças. As lideranças da Apeoesp contaram, sem o saber ou sem pôr isso explicitamente, ao mesmo tempo com a inércia do *habitus*, com todas as camadas pretéritas das disposições dos agentes do magistério, para afrontá-las e chocá-las, com a plasticidade daquele, para

---

18 É preciso observar que o efeito só foi bem fundado em decorrência das homologias de posição e das afinidades estruturais entre trabalhadores e agentes do magistério, tanto uns quanto outros ocupando posições dominadas, os primeiros no espaço social geral e os segundos no campo simbólico. Essas homologias entre campos permitem também explicar por que, no campo universitário, em geral são os professores culturalmente mais dominados (ocupantes das faculdades de menores créditos, "improdutivos", "baixo clero", segundo as taxionomias em voga, que, por sua vez, refletem as posições do poder acadêmico) os mais intransigentes defensores de alianças com os trabalhadores, os mais inclinados a estratégias heterônomas e os que geralmente dominam as burocracias sindicais (cf. Bourdieu,1983, p.122-55; 1992; 1997a;).

modelá-lo e dotá-lo de uma nova "ilusão bem fundada" (Durkheim), e com o fato de o *habitus* não precisar necessariamente ser nem coerente nem lógico. Pode-se, embora essa ambigüidade seja vivida de forma aflitiva, ser ao mesmo tempo educador missionário e trabalhador assalariado da educação, isso visível, por exemplo, em ponderações de lideranças do CPP: "somos trabalhadores, mas não abrimos mão de nossa condição de educadores".

Todavia seria equivocado, embora tentador, considerar, pelas manifestações aparentes do Movimento de Professores na década de 1980, freqüência de greves e número de grevistas, e pelo considerável salto organizativo dado pela entidade, que a liderança da Apeoesp foi cabalmente bem-sucedida no esforço de dotar o magistério das mesmas disposições contestatárias de que ela própria estava dotada.

> Não deixa de ser surpreendente que as entidades de professores públicos tenham sido, em crescente maioria, dirigidas pelos grupos político-ideológicos mais radicais e sectários [exceção notória do CPP], enquanto a categoria em geral permanece basicamente conservadora. (Cunha, 1996, p.12)

É pertinente atentar para o fator inercial do *habitus*: proveitoso para as lideranças como "objeto" passível de afrontamento e constituição de móveis de luta (se o *habitus* fosse completamente plástico e cedesse a qualquer pressão, teria havido tanta luta?) e desvantajoso, dada a lentidão das mudanças simbólicas pretendidas, o fator inercial foi o responsável pela justaposição, como em camadas um tanto comunicantes, das diferentes disposições do professorado, numa convivência ambígua e dilacerada de elementos pretéritos e presentes – do etos missionário do educador ao do trabalho do assalariado educacional. De acordo com Luiz Pereira (1969), pode-se afirmar que essa justaposição de camadas pretéritas e atuais do *habitus* revelou-se na forma de uma acomodação cheia de ambigüidades entre as características *artesanais* do trabalho do professor, com todos os valores inerentes ao artesanato, como o orgulho do trabalho "bem-feito", mais inclinadas a ressaltar a satisfação, a realização e a "auto-expressão" do trabalho, e as características propriamente técnico-profissionais da docência, com o arcabouço axiológico daí decorrente, e mais inclinadas a trazer para o primeiro plano das reivindicações os aspectos profissionais (salariais, condições de trabalho) do magistério.

Sanção e moral profissional

Os fatos morais consistem em regras de conduta sancionadas. A sanção é, portanto, a característica geral de todos os fatos desse gênero. [...] A sanção, tal como a definimos, não é simplesmente toda conseqüência engrendrada espontaneamente por um ato que o homem realiza [...] A sanção é certamente uma conseqüência do ato, mas uma conseqüência que resulta, não do ato em si, mas do fato de ele estar ou não conforme uma regra de conduta preestabelecida. (Durkheim, 1995, p.42)

Para Durkheim, a moral profissional difere da familiar e da moral em geral, esta relativa ao gênero humano. A moral profissional consiste de todos os zelos, escrúpulos e sentimentos decorrentes do exercício de um certo ofício e cuja violação implica desde censuras implícitas até a perda total da legitimidade do exercício profissional, ou seja, a perda do direito de figurar entre os pares (excomunhão, exclusão). A moral profissional, portanto, é um conjunto de regras, não necessariamente escritas, construídas e sancionadas por um grupo profissional ao longo de seu processo de autonomização, de modo que quanto mais diferenciado o grupo, mais as regras tácitas ou explícitas pesam sobre as consciências individuais dos agentes. Uma moral profissional, como diz Durkheim, "não se improvisa", leva tempo para ser fabricada pelo grupo e inculcada nos agentes e, portanto, introjetada por estes na forma de esquemas de ação que funcionam como "esquemas do corpo" (cf. Wacquant, 1998). A moral revela-se, conquanto não exclusivamente, no modo de ser do corpo e no vestuário – basta lembrar o asseio e o branco dos uniformes dos médicos, a circunspecção distante e a toga da magistratura, o cuidado com o corpo e o ascetismo dos pugilistas, entre outros (cf. também Mauss, 1995b).

Os documentos internos das entidades e as matérias dos periódicos revelam duas variantes de moral ocupacional no magistério: uma, componente do etos missionário, valoriza o trabalho em si, o sacrifício e as doações da profissão e é mais tendente a censurar o interesse; outra, integrante do etos do trabalho, baseia-se num "espírito de equivalência", valoriza as gratificações materiais e simbólicas obtidas "pelo" trabalho, a venda "justa" da força de trabalho, transação na qual o Estado comparece, nas representações dos professores do magistério oficial, como "patrão", e inclina-se a censurar o desinteresse (em geral eufemizada na forma de censura ao apoliticismo). A moral ocupacional caracterizada pelo "espírito de doação" e por uma fraca demanda propriamente econômica é produto da sobrevivência de aspectos carismáticos no magistério (estado anterior do campo), e a caracterizada pelo "espírito de equivalência" pode ser descrita como uma tentativa de dotar o professorado de maior competitividade econômica (e também política) e de atributos profissionais por assim dizer mais seculares e masculinos (estado subseqüente). A moral profissional caracterizada pelo "espírito de doação" manifesta similitudes com a dádiva – um regime de atos desinteressados e não-econômicos – e tem parentesco com a moral familiar, sugerindo a proximidade da escola e da família como espaços de denegação do econômico (isso será retomado no capítulo 8).

Essa variante da moral profissional do magistério é mais presente nos agentes femininos, sobretudo nos ocupantes dos postos menos valorizados do campo, professoras primárias do interior. A moral ocupacional caracterizada pelo "espírito de equivalência" apresenta-se à análise como mais tendente a valorizar as competências propriamente pedagógicas e bate-se por uma relação profissional mais abstrata do magistério (visto tratar-se da transformação do trabalho docente em trabalho abstrato e deste em valor). Essa variante da moral do magistério é mais identificável nos agentes masculinos mais bem colocados no campo (professores licenciados da capital) e com maiores ambições políticas e econômicas.

Um passado constantemente ativado na memória. Nesta página, aspectos da manifestação convocada pelo CPP e realizada em frente à Assembléia Legislativa (então no Parque D. Pedro II), em 12/11/1964, reivindicando a "gratificação móvel".

Foto: Arquivo do CPP

Foto: Arquivo do CPP

Dominantes: CPP, "imperturbável lutador da classe"

As estratégias às quais o CPP recorre para consolidar e manter suas posições, inicialmente, no começo da década, de detentor do monopólio e, posteriormente, de co-detentor da liderança sindical legítima do magistério público paulista, podem ser caracterizadas por ações articuladas em várias frentes, que variam em ênfase de acordo com as fases da luta. Assim, o CPP ataca as lideranças emergentes da Apeoesp, criticando-lhes tanto os métodos de luta quanto o ideário de esquerda, ao mesmo tempo que consagra sua ação do passado pelas sessões do *JP* "Passando o espanador da memória" e "Você sabia?", e busca ampliar e manter sua área de influência por meio da inauguração de novas colônias de férias, de novas sedes no interior, da imponente sede própria na capital, e pela distribuição de prebendas: diploma de Honra ao Mérito, concurso Professor do Ano, que, num campo de baixos retornos simbólicos, são "coroas de glória" que terminam, afinal, por legitimar a entidade e fortalecer a lealdade de seus associados. Ao mesmo tempo, o CPP, compelido pela dinâmica das lutas, diversifica suas formas de atuação: departamento jurídico, negociação junto ao governo, participação em ações conjuntas com as demais entidades, inclusive greves e, no plano assistencial, criação de convênios médicos e com empresas de turismo (um apanhado das estratégias de lutas do CPP de fins dos anos 50 aos anos 80 pode ser consultado em Lugli (1997).

> O CPP conta atualmente com cerca de 80 mil associados. Mantém 50 Sedes Regionais no interior do estado. No campo da assistência profissional aos associados e, às vezes, aos professores em geral, o Centro do Professorado Paulista vem atendendo há 53 anos os interessados [...] ensejando-lhes assistência jurídica e administrativa e cuidando do encaminhamento dos papéis em cada caso individual, na capital,

no interior e fora do estado. [...] Há um seguro de vida em grupo, existente há trinta anos. [...] A assistência médica aos professores está a cargo de três profissionais, que dão plantão diário na sede central [...] Há um hospital que mantém convênio com o CPP. A entidade mantém quatro colônias de férias [...] Nas imediações da Cidade Universitária, em São Paulo, o Centro do Professorado Paulista mantém a "Residência do Professor", onde velhos educadores, retirados da vida profissional, encontram o melhor ambiente para viver [...] No plano reivindicatório, a luta do CPP tem sido intensa e decisiva. Organizou e levou ao triunfo, em 1963, a única greve total e vitoriosa dos professores estaduais, do ensino de 1º e 2º Grau. Participou das greves dos professores em 1979 e 1982. Mobilizou dezenas de milhares de professores em concentrações públicas e manifestações coletivas nas ruas e praças, na capital e no interior. Conquistou muitas vantagens salariais e funcionais para os professores e impediu, com sua luta permanente, prejuízos maiores para o magistério. [...] O CPP não recebe ajuda governamental alguma, nem federal, nem estadual, nem municipal, nem goza de isenção no pagamento de taxas ou impostos. ("CPP completa 53 anos de serviços aos professores e ao ensino" – *JP*, n.191, abr. 1983, p.7)

No início da década o CPP ainda se encontra em posição confortável no subcampo das entidades sindicais. Sua fachada institucional estava identificada com o carisma de seu presidente, seu trânsito nos esquemas de governo era relativamente fácil e sua representatividade junto à categoria era só levemente contestada, em que pesem os atropelamentos das lideranças pelas greves espontâneas de fins dos anos 70 e começo dos 80.

> É confortador verificar que, apesar dos pesares, o professorado encontra no CPP sua última trincheira. Torna-se, porém, urgente expandir essa força numa representação parlamentar numerosa e unida. [...] tem permanecido o CPP, sem rancores, sem ódios, com serena firmeza, como o indiscutível e imperturbável lutador da classe. Que não falte mais na Assembléia, num momento de reajuste, a palavra de representante do magistério, para discutir, criticar e subsidiar uma mensagem. ("Canto de sereia" – *JP*, n.179, jun. 1981, p.5)

A prática de ritos institucionais voltados a celebrar os agentes e, também, por um efeito de circulação dos bens simbólicos, a própria instituição celebrante, desempenhou papel importante no CPP ao longo de sua história. Aspecto da cerimônia do dia do professor (15/10/1982): o professor Pedro Castilho Fernandes, professor do ano, pronuncia sua oração no auditório da sede central do CPP.

Foto: Arquivo do CPP

No ano seguinte, com a saliência das lideranças emergentes de esquerda, soaria o alerta, mas ainda havia grandes esperanças de manter relativamente intacto o monopólio da entidade:

> A proliferação de entidades pretensamente representativas das diversas categorias do magistério levou-nos a um divisionismo que faz do professorado instrumento dócil e presa fácil do desmando governamental. [...] O magistério deve unir-se em torno de uma só entidade que o represente efetivamente bem, passando a gozar do respeito das nossas autoridades e dos homens responsáveis pelo setor de nossa educação [...] Entendo que essa união deva processar-se em torno do CPP, que é uma entidade antiga, organizada e que tem uma estrutura para mobilizar a classe [...] Não nos tornaremos presa fácil de demagogos e irresponsáveis, que já provaram a sua absoluta imaturidade, conduzindo o magistério a situações humilhantes de retornar ao trabalho de cabeça baixa!. ("A unidade do magistério" – *JP*, n.186, maio, 1982, p.3)

Em meados da década de 1980 ao CPP já não resta outra alternativa senão reconhecer a pluralidade de entidades sindicais e, a partir disso, num esforço por fazer a balança ainda pender a seu favor, convocá-las à unidade sob o comando dos valores históricos da entidade:

> Pondo de lado as questões políticas e partidárias, que podem dividir os professores, as entidades de classe do magistério (CPP, Apeoesp, Apase e Udemo) [...] conseguiram que o governo do Estado [...] Essas vitórias só foram possíveis graças à unidade que prevaleceu entre as entidades do magistério. E a unidade só se manteve em torno de uma pauta reivindicatória exclusivamente profissional, com reivindicações salariais justas. Para isso foram descartados quaisquer temas estranhos às reivindicações profissionais que pudessem prejudicar a unidade do magistério. (*JP*, n.200, maio, 1984, p.1)

No final da década o CPP, embora mantendo todos os índices de prudência em seu discurso e em suas formas de luta, já é em parte devedor das estratégias mais incisivas da Apeoesp:

> A greve, quando decretada pelo CPP, somente é realizada depois de esgotados todos os recursos, todos os entendimentos com o Governo do Estado, pois os dirigentes do CPP sabem perfeitamente das responsabilidades advindas de um movimento grevista. E o CPP tem muita experiência pois a primeira greve eclodida pelo professorado paulista foi comandada por ele e com êxito total para a época vivida. Muitas outras greves se sucederam estando sempre o CPP no comando do movimento sozinho ou ao lado das entidades congêneres, como está acontecendo nos últimos movimentos. [...] O importante é a disposição para a luta, a união, o conhecimento dos objetivos visados para que não haja infiltração política ou outros elementos estranhos aos problemas da classe, do magistério e da Educação. ("Mais uma greve terminou", *JP*, n.239, ago./set. 1989, p.8)

Pretendentes: reviravolta do *habitus* e celebridades universitárias

No esforço por legitimar a atualização das disposições do professorado, reviravolta do *habitus* inclinado agora a desafiar os esteriótipos sociais da profissão e dotá-la de pelo menos parte dos atributos formais das carreiras masculinas (força, poder de barganha, credibilidade e, por uma identificação com os trabalhadores mais organizados, metalúrgicos do ABC, sem-terra, entre outros, "combatividade") as lideranças da Apeoesp contaram com o concurso nada desprezível de celebridades acadêmicas, que puseram à disposição da entidade todo o seu poder de nomeação ao publicar no jornal e na revista da entidade e ao participar de encontros e congressos promovidos por esta. Esse recurso suplementar de capital simbólico muito possivelmente foi decisivo na realização e consolidação bem fundada do efeito de teoria levado a cabo pela entidade na década de 80.

Salvo engano, ainda está para ser feita uma análise sociológica da cumplicidade entre um grupo mais identificado de notabilidades firmadas, sob a liderança de Paulo Freire, em torno da chamada "pedagogia do oprimido", e de Dermeval Saviani, ao redor do que se chamou de "pedagogia crítico-social dos conteúdos" (também deve ser considerada a influência ativa de Florestan Fernandes) e as diretorias da Apeoesp, que aos primeiros emprestava uma razoável fonte de alimentação de capital simbólico, os professores associados à entidade, já convertidos ou inclinados à conversão, e das celebridades recebia o ósculo de uma legitimação que transpunha os limites estreitos do universo do magistério.

Do lado da Apeoesp o lance estratégico praticamente se impunha, não só pela disponibilidade desses luminares em aparelhá-la de recursos intelectuais legitimadores como pela oportunidade de conceder a eles a possibilidade de sagração prática por meio de teorias sermonicamente inculcadas e, com isso, por um efeito de circulação dos bens simbólicos, beneficiar a entidade da oportunidade de também sagrar-se pela sagração do sagrado. Do lado dos professores universitários, a tentação de realizar, na prática, suas teorias – pelas vias da pregação profética nos púlpitos dos congressos e encontros cada vez mais lotados à medida que se avança na década, e pelas vias das bulas pedagógicas envoltas em todos os signos de teoria legítima, estampadas com sinceros créditos nas publicações da entidade – foi somada às graças simbólicas e materiais (vendiam-se livros) advindas desse público emergente, tão diferente do desconfiado público acadêmico, nova audiência formada por seguidores em geral bastante desarmados, dados os escassos recursos instrumentais de suas formações, mas ávidos de ver confirmadas, com o recurso blandicioso da dialética, suas crenças e esperanças de salvação.

Discurso do professor Florestan Fernandes.

O professor Gumercindo Milhomem Neto pronuncia-se no II Congresso da Apeoesp, em Sorocaba, novembro de 1981.

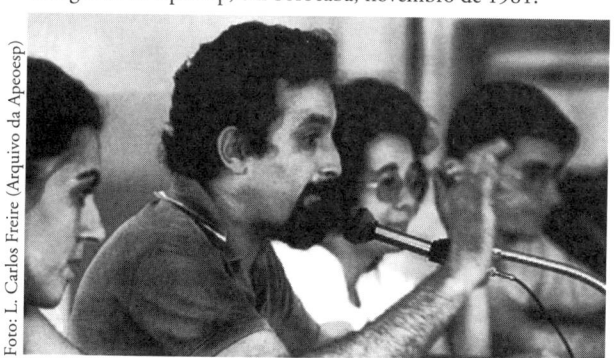

Aspectos da festa celebrada em 1978 pelo aniversário do professor Sólon Borges dos Reis. Além de divertir e congregar, festas como esta eram ocasião para a atualização do carisma. Após dez anos de inflação incontrolada, e muitas greves depois, os professores revelariam não ter ânimo nem "para festinhas". (Pucci *et al.*, 1991).

Fotos: Arquivo do CPP

5

Efeito de campo

O CPP não precisa modificar em nada sua postura reivindicatória nem sua metodologia de trabalho e luta para defender as reivindicações legítimas do professorado. O mais, talvez, que lhe seja necessário fazer, será reduzir nas estratégias das reivindicações umas etapas intermediárias e dinamizar o processo (*JP*, n.168, abr. 1980, p.3)

Para apreender inteiramente esse "ponto de vista" do então presidente do CPP, professor Sólon Borges dos Reis, esse lance de estrategista que visa mudar não mudando, ou melhor, mudar conservando o essencial, isto é, a posição ocupada, é preciso considerar a configuração das relações de força do campo das entidades sindicais do professorado paulista na época e, por conseguinte, o que a posição do presidente do CPP deve ao efeito que as próprias lutas e concorrências exercem sobre os agentes e instituições do campo.

A afirmação acima não faria sentido sem as greves do magistério de 1978 e 1979, sem os movimentos criados no interior da Apeoesp [Movimento de União dos Professores, MUP e Movimento de Oposição Aberta dos Professores, MOAP], sem a Comissão Pró-Entidade Única, CPEU, nascida na Apeoesp e que lutava por unificar as entidades do professorado (CPP, Apeoesp, Udemo e Apeem) e sem a mudança de orientação da Apeoesp após a vitória eleitoral da oposição em 1979.

A percepção de que o CPP precisava eliminar etapas intermediárias e dinamizar o processo nas reivindicações, ou seja, precisava atualizar-se conservando-se, só pode advir de um estado de relações do campo que fazia emergir forças potenciais visando transformar a própria configuração do campo.

Generalizando em outros termos (cf. Bourdieu, 1984, p.113-20): num determinado campo, as lutas põem os agentes e instituições em pólos simultaneamente concorrentes e complementares e configuram as estruturas mediadoras do campo. Nas lutas, os agentes constróem não apenas suas próprias identidades, mas também as dos outros – sem o saberem, pois permanecem sempre presas do jogo, encantados por este, submetidos ao efeito do ato de jogar que é também o ato de reproduzir o jogo. As lutas modelam não só os móveis, como também os parceiros e adversários, ou melhor, os parceiros-adversários. Apreender um determinado estado de relações de força de um campo (discursos, agentes, móveis, posições) é, afinal, apreender as lutas entre os agentes e instituições que delimitam o campo.

Compreende-se, pelo efeito de campo, como os móveis de lutas das entidades, a linguagem, os valores e a concepção de sindicalismo modificam-se ao longo da década de 1980. Na concorrência e complementaridade das entidades há uma negociação invisível entre estas. No final da década parte dos valores (móveis e interesses) do CPP é incorporada pela Apeoesp e vice-versa. É assim que o CPP, empurrado pela dinâmica das lutas e concorrência pelo monopólio legítimo da representação sindical legítima, vai mudando paulatinamente a clave de seu discurso e aceitando formas de luta que teria muita dificuldade em aceitar no começo da década[19],

---

19 "Nós na verdade conseguimos trazer o CPP para a luta sindical. Nós trouxemos o CPP a partir de 84", depoimento do ex-presidente da Apeoesp, professor Gumercindo Milhomem Neto (Fassoni, 1991, p.131).

quando então era o detentor exclusivo do monopólio da representação sindical, e é assim que o CPP vai adequando aos poucos uma emergente imagem valorativa do professor (como trabalhador da educação, hegemônica na Apeoesp) ao seu próprio patrimônio axiológico, quando, por exemplo, afirma o *JP*: "Nós, do Centro do Professorado Paulista, nos orgulhamos de ser trabalhadores da educação. Mas não abrimos mão de nossa condição de educadores" (n.247, ago./set. 1990, p.3).

É assim que a Apeoesp, também conduzida pela dinâmica da concorrência e cada vez mais adequando-se à posição de entidade co-detentora do monopólio da representação sindical legítima, vai moderando seu discurso, expurgando de sua linguagem os sinais mais imediatamente perceptíveis de radicalismo, aceitando com mais naturalidade as responsabilidades que só a legitimidade confere e também incorporando aos poucos a dimensão propriamente simbólica (de educador, hegemônica no CPP) à sua imagem do trabalhador educacional. Não há barganha ou toma-lá-dá-cá explicitamente orquestrado, nem capitulação de uma ou outra (ambas continuarão, até o final da década, a hostilizarem-se mutuamente, mas nem por isso deixarão de trabalhar conjuntamente em várias ocasiões), mas uma modelação das entidades e de seus dirigentes pelo efeito de campo. Como já se disse, ao final dos anos 80 o CPP e a Apeoesp, que no início da década chocam-se freqüentemente, e às vezes com furor destrutivo, o que não impedia, no entanto, que pactuassem entre si pela permanência de determinadas regras do jogo[20], dividirão entre si o maior percentual da representação sindical do professorado paulista, cada

---

20 "Com a notícia de que o atual governo teria suspenso os descontos em folha dos associados da Apeoesp, o CPP saiu a público e dirigiu-se também diretamente ao governo do Estado, defendendo a entidade que teria sido atingida" (CPP pede pela Apeoesp – *JP*, n.185, abr. 1982, p.8).

uma com identidade própria e ambas igualmente cúmplices em torno do próprio jogo, dos móveis do jogo, da *libido* que prende a todos e os faz jogar com paixão e interesse.

50º aniversário do CPP e inauguração da sede central, em 19 de março, 1980.

Foto: Arquivo do CPP

Móveis de luta

CPP: concurso de remoção; reajuste de vencimentos (semestralidade, trimestralidade); concursos para o provimento do quadro funcional do magistério; chamada de professores concursados; gratificação por diploma superior; contagem recíproca de tempo de serviço; regulamentação dos substitutos; melhores condições de trabalho; mais verbas para a educação; revalorização da escala de vencimentos (as referências); Iampse; atraso no pagamento, correção monetária nos vencimentos e vantagens pagos com atraso; erros nos holerites; autoritarismo nas escolas; imediata publicação das aposentadorias; regulamentação e aplicação do Estatuto do Magistério; concurso para diretor de escola; um terço a mais nas férias; aposentadoria integral; contagem do tempo de serviço do pessoal docente em dias corridos; municipalização do ensino; Constituinte.

Apeoesp: reajuste de salários (semestralidade, trimestralidade); organização e participação dos associados na entidade; aposentadoria aos 25 anos; participação em entidades sindicais nacionais (Conclat, Unate, CUT, CPB, entre outras); concurso de remoção; avaliação de desempenho do professor; erros nos holerites; salários atrasados; 25% de verbas do Estado para a educação; reposição salarial; regulamentação do Estatuto do Magistério; revalorização das referências; redução da jornada de trabalho; unificação do funcionalismo nas lutas salariais; autoritarismo e violência nas escolas; Diretas-Já; municipalização do ensino; APM; contagem de tempo em dias corridos; Constituinte; reforma agrária; Iampse; piso salarial; jornada única; eleição para diretores de escolas; direito irrestrito de greve.

Lei Zdhanov

Observa-se que os móveis de luta acionados pelas entidades são bastante coincidentes, fato explicável à luz do efeito de campo (mesmo nas oposições: concurso *versus* eleição para diretor de escola; esse exemplo, por sinal, revela a oposição entre princípios autônomos, concurso, e heterônomos, eleição, no interior do subcampo). Uma comparação entre as demandas das duas entidades permite comprovar, pelo menos do caso do estado de São Paulo, a afirmação emitida na época segundo a qual o

> movimento de professores da rede pública de 1º e 2º graus no Brasil tende a articular-se em torno de três grandes eixos. Sobre a questão salarial assenta-se sem dúvida a ampla base de massa do movimento. Há, por outro lado, uma discussão relativa aos rumos da educação e à "qualidade" do ensino. Por último, propõe-se também como necessária uma democratização geral da estrutura de poder no interior do sistema ecolar. (Peralva, 1988, p.66)

A Apeoesp possuía móveis particulares, compreensíveis a partir da vinculação das novas lideranças com partidos de esquerda (reforma agrária, associação à CUT, não pagamento da dívida externa, direito irrestrito de greve, eleições presidenciais). Para o CPP, esses móveis não imediatamente inseridos na lógica das lutas próprias do campo educacional constituíam prova da "partidarização e ideologização" da Apeoesp. Para esta, os professores não podiam ficar indiferentes às "lutas mais gerais dos trabalhadores".

No final da década essa característica da Apeoesp já estaria bem nítida. Por exemplo:

Para o movimento sindical, o momento é de um salto organizativo, na perspectiva de uma resposta unitária que faça frente a essas pressões [do FMI]. Por isto, a discussão de uma nova greve geral dos trabalhadores do campo e da cidade entre as Centrais Sindicais e as Federações, unificando as lutas setoriais num amplo movimento [...] (*AN*, n.136, mar. 1987, p.3)

Quando submetida à análise, a politização do subcampo produzida pela Apeoesp na década de 1980, interpretada pelas descrições populistas do Movimento de Professores como "conscientização política", "tomada de consciência", parte integrante do "processo de construção histórica do sujeito", revela-se afinal ambígua: ao dotar o professorado de combatividade, a politização concorre para reduzir a autonomia do campo educacional e, por conseguinte, produz um efeito inverso, isto é, submete mais ainda o professorado aos poderes externos. Bourdieu chama a isso de "Lei Zdhanov", a ser visto com mais demora no capítulo 7.

Manifestação unificada das entidades, 1985.

Foto: Edna de Divitiis (Arquivo da Apeoesp)

Heteronomia do subcampo: as entidades, a imprensa cotidiana e a construção do desvalor

Se o campo educacional, como é sabido, é uma instância de produção e circulação de saberes (cf. Catani, 1989), a região do campo educacional que neste estudo é designada de subcampo das entidades sindicais também é uma instância de produção e circulação de saberes. Seus periódicos e revistas, os documentos de formação sindical, os suplementos de teses de congressos e encontros, panfletos e circulares dos movimentos reivindicatórios constituem os instrumentos pelos quais esses saberes são postos para circular. São, portanto, veículos pelos quais os móveis de luta são legitimados, ou seja, pelos quais as questões especificamente sindicais do professorado, inseparavelmente pedagógicas e políticas, são consagradas. Instrumentos dotados de legitimidade, competindo uns com os outros e, sob o efeito de campo, complementando-se mutuamente, os periódicos são órgãos de orientação e arregimentação: orientação jurídica, convocação para a luta, orientação pedagógica, arregimentação à participação nos processos de representação das entidades, convocação à participação político-eleitoral, orientação em relação ao discernimento sobre os móveis de luta, inculcação dos valores sagrados da entidade, etc. As matérias publicadas, isto é, tornadas públicas dirigem-se aos leitores e associados com a autoridade conferida pelo fato de terem, como já se disse em relação às cartas do professorado, superado as censuras impostas tanto pelo campo quanto pelos poderes externos. São, por conseguinte, discursos possíveis no mercado dos discursos do magistério. Além disso, pelo fato de serem discursos de orientação e arregimentação, são performativos, ou seja, referem-se à realidade e incidem sobre ela, isto é, simultaneamente apreendem e constituem o mundo.

Isso considerado, é muito possível que a imagem do professor como agente social desqualificado e desvalorizado, moeda corrente no campo educacional na década de 1980, tenha em parte sido uma construção realizada nas e pelas associações da categoria. É evidente que a perspectiva aqui adotada descarta a suspeita de que esse desvalor tenha sido objeto de deliberada e consciente construção. O que se está afirmando talvez seja apenas um truísmo: se grande parte dos valores e modelos partilhados pelo professor comum foi legitimada nos órgãos das principais associações da categoria, e se é quase impossível recensear todas as matérias publicadas nesses órgãos, nas quais, desde a chamada até o conteúdo, lamenta-se o professor como agente socialmente desvalorizado, muito embora com indignação e revolta, e se o discurso posto para circular com legitimidade apreende e incide sobre a realidade, a conclusão é de que nos periódicos das entidades processou-se um longo trabalho de construção de uma imagem do professor que coincidia com a situação vivida por ele no seu espaço social. Ou seja, uma construção socialmente bem fundada. Tudo se passa como se as entidades sindicais necessitassem de um agente predisposto, pelo trabalho de inculcação desempenhado pelos órgãos, a pôr-se inteiramente à disposição da associação tanto para legitimar a entidade e seus dirigentes como para lutar por seus interesses que, a propósito, coincidiam em larga medida com os interesses da luta corporativa das entidades.

Tudo se passa como se a própria lógica da luta concorrencial pelo monopólio da representação sindical condicionasse os articulistas dos órgãos oficiais das entidades a realçar os aspectos mais negativos da carreira, terminando ao final por "reconhecer" (no duplo sentido de "constatar" e "admitir como legítimo") e consolidar esses mesmos aspectos ao dar-lhes uma forma de generalidade inquestionável, isto é, de *doxa* aceita por todos como absolutamente evidente.

Enfim, parece que, para lutar contra a desvalorização da profissão, seria preciso que essa desvalorização habitasse não só os corpos, mas todas as cabeças e todos os corações e fosse o centro mesmo da *revolta afetiva* dos professores.

Revolta afetiva

Revolta afetiva, quer dizer, revolta generalizada contra as manifestações visíveis do sistema, que, desse modo, permanece ao abrigo de questionamentos (cf. Bourdieu, 1981). Oscilando entre a demissão mais fatalista (voto nulo – "[...] só otário acredita em promessas de políticos brasileiros. Eles querem apenas ser eleitos e reeleitos e o povão que se dane. Quando digo que só otário acredita é pelo fato de que tantas eleições já foram realizadas e [as promessas] não cumpridas que o descrédito deveria ser uma constante no eleitorado brasileiro." [Carta de professora – *AN*, n.107, abr. 1984, p.2] – perguntas angustiadas como "quem sou eu para sugerir?", "até quando vai continuar o desprestígio do magistério?", ou afirmações peremptórias como "nada mudou para o professorado") e a adesão a uma representação cada vez mais alienada, cujo exemplo mais perfeito é o sistemático trabalho de sagração carismática do presidente do CPP, professor Sólon Borges dos Reis, realizado no *Jornal dos Professores* ("Homem íntegro, educador nato e democrata convicto", *JP*, n. 249, nov. 1990, p.1), os professores do ensino público mostraram-se mais inclinados a uma revolta na ordem, cuja face mais visível é a indignação, propriedade característica dos agentes situados em posições intermediárias e ambíguas.

Típicas manifestações desse sentimento de indignação aparecem na imprensa periódica das entidades em matérias como "Docente morre" (*AN*, n.124, out. 1985, p.11), relato revoltado da morte de um colega de trabalho, supostamente em razão das fadigas da profissão, em cartas indignadas e ressentidas, "estou ficando indignada, será isso ruim?", "a mesa deles é farta... o resto que se dane", em matérias que transcrevem e comentam cartas de professores e professoras à imprensa comum:

> E os professores? Não merecem igual tratamento [majoração dos índices de gratificação da Polícia]? Vivem eles curtindo a mais desumana e cruel marginalização por parte do poder público, espezinhados pelos diretores, coordenadores e delegados de ensino que só sabem exigir que ordens absurdas sejam cumpridas [...] (Carta de professora à *Folha de S. Paulo* – *JP*, n.187, jul./ago. 1982, p.8)

No capítulo 8 será visto que a modalidade de apreensão das relações sociais sob a forma de trocas afetivas é a forma possível de manifestação da libido profissional para os agentes mais humildes do magistério, sobretudo para as mulheres.

Construiu-se uma imagem do agente do magistério que, incidentalmente, também coincidia com a imagem que dele era feita nos órgãos da imprensa profana ("professor bóia-fria do ensino"). Para compreender essa alquimia é preciso considerar a heteronomia relativa do campo educacional, isto é, que a imagem que a sociedade faz dos professores, de suas qualificações, competências, salários, e do sistema de ensino, formato, currículo, nível, faz parte das lutas de classificação entre todas as classes e grupos sociais. Daí as aparentemente incompreensíveis e duras lutas em torno da LDB, capazes de mobilizar forças que, na superfície, nada têm a ver com a educação. Ou seja, as taxionomias sociais, as classificações e representações que valorizam ou desvalorizam os segmentos profissionais "são, a cada momento, o produto e o objeto das relações de força entre as classes" (Bourdieu & Boltanski, 1998, p.141). Parte, se não a maior, das formas de classificação sancionadas pelo campo do poder é veiculada pelo campo jornalístico, que, desse modo, cumpre a função de "reconhecimento" da ordem social (no duplo sentido de "dar a conhecer" e "aceitar como certo e legítimo").

Isto posto, será preciso considerar também que os órgãos oficiais das entidades, veículos de divulgação de saberes e disseminação de valores, são jornais, ou seja, de uma forma ou de outra fazem parte do campo jornalístico. É coisa certa que não estão em disputa direta e imediata com os *jornais* cotidianos, portanto não seguem a lógica do "furo", da audiência e da maximização da vendagem, mas estão com eles relacionados por intermédio de uma longa cadeia de associações, como o fato de os órgãos terem "jornalista responsável" ou uma equipe de jornalistas, agentes de certa forma formados nos valores do campo jornalístico. Assim como o campo educacional é um campo dominado relativamente ao campo jornalístico, os jornais das associações ocupam posições dominadas no espaço estruturado dos jornais.

Embora órgãos específicos, logo, dotados de autonomia relativa, os jornais das entidades, isso é um truísmo, nunca perdem de vista o que se passa na imprensa cotidiana (em matéria de educação) como, de resto, em geral os agentes do magistério e particularmente os dirigentes das entidades também o fazem. Os professores não são apenas indiferentes às disputas de classificações nas quais eles são objeto na imprensa cotidiana, como participam alacremente destas, notadamente em seus periódicos, mas também na imprensa cotidiana, por meio de cartas e participando com matérias enviadas (o então presidente da Apeoesp, professor Gumercindo Milhomem Neto, chega até a manter uma coluna semanal no *Diário Popular*).

É até possível constatar uma certa ansiedade no subcampo das entidades sindicais em relação à imprensa cotidiana. De fato, durante a década de 1980 as entidades do professorado paulista mostraram-se ansiosas em relação à mídia, chegando às vezes a uma quase-subordinação interessada. Tal é, por exemplo, o caso das preocupações do CPP com o que então foi chamado de "boicote ao CPP por parte da imprensa", notadamente pela *Folha de S. Paulo*:

> E o que é fundamental para a união da classe e defesa do magistério, encontrar os meios para vencer a censura do patrulhamento ideológico que, equivocado, em um ou outro órgão de comunicação de massa, pode aparentar a falsa idéia de que a entidade está omissa ou mal posicionada – pronunciamento do presidente do CPP na inauguração da nova sede da entidade, em março de 1980. (*JP*, n.168, abr. 1980, p.3)

Foi enviado à direção do jornal *Folha de S. Paulo*, um abaixo assinado de professores que se reuniram no CPP, dizendo da revolta quanto a atitude daquele jornal no que se refere à não-publicação de notícias de nossa entidade omitindo o nome do CPP e dos membros que participam de reuniões, assembléias, concentrações e negociações com o governo. (*JP*, n.232, set./out. 1988, p.1)

É quase visível nos excertos acima a estratégia de buscar rentabilização simbólica extra, pelas vias da imprensa cotidiana e, conseqüentemente, fora do campo educacional, mormente por parte das lideranças que estavam em condições de ambicionar postos elevados na hierarquia política. Além disso, talvez seja possível inferir que os dirigentes, nesse interesse de disputar espaços de visibilidade, recurso extra tanto mais importante à medida que se acirrava a luta pela hegemonia da representação sindical legítima, partilhavam com os jornalistas a visão segundo a qual um acontecimento só existe quando noticiado pela mídia. Nesse caso particular, os dirigentes das entidades, assim como professores e professoras "de base", em geral não fugiam à seguinte regra comum: num estado de relações entre os campos, o do poder, o econômico, os simbólicos, entre outros, no qual o poder midiático desempenha um papel de desequilibrador e de quase-árbitro nas lutas, quer dizer, numa sociedade cada vez mais "encenada", qualquer pessoa ou instituição com pretensões a consolidar ou aumentar seu capital simbólico está condenada a investir na visibilidade jornalística. Em suma, tanto hoje quanto nos anos 80, "não há legitimidade nem individual nem coletiva que não passe pelo reconhecimento midiático" (cf. Accardo *et al.*, 1995, p.33).

A Apeoesp, assim como o CPP, também não era insensível à produção do campo jornalístico. É possível constatar que era até mais ansiosa que este, dada a relativamente maior quantidade de matérias diretamente relacionadas com a imprensa cotidiana que vieram a lume no *Apeoesp em Notícias*. A idéia segundo a qual "ser socialmente percebido é ser percebido pelos jornalistas" (idem, p.33) era particularmente cara aos dirigentes da entidade:

> Um mês após a greve geral de protesto contra a política econômica do governo, é importante refletir sobre um dos aspectos mais importantes da sociedade moderna: a função dos meios de comunicação de massa e suas implicações com o poder. [...] Se os trabalhadores, mesmo com a chamada "abertura", continuam banidos dos vídeos, dos aparelhos de rádios, das páginas da grande imprensa, só resta criar e lutar por seus próprios meios de comunicações. Caso contrário, estaremos sempre condenados a ser invisíveis. (*AN*, n.101, jul./ago. 1983, p.7)

Daí os esforços feitos pelos dirigentes de dotar a entidade de uma eficiente equipe de comunicações, não só para a comunicação com os associados senão também para com a "sociedade em geral", eufemismo utilizado para designar os jornalistas da imprensa comum – isso seria noticiado como êxito no final do período: "Apeoesp investe na comunicação" (*AN*, n.169, dez. 1990/jan. 1991, p.8). É possível também constatar que em nenhum momento da década os dirigentes da Apeoesp, sempre inclinados a exercer a crítica, chegam a desconfiar do senso comum jornalístico, fazendo apenas a ressalva – programática, já no começo da década – de que "há jornalistas assalariados, portanto trabalhadores como quaisquer outros, que assimilam a ideologia do patrão, e se passam para o seu lado" (*AN*, n.101, jul./ago. 1983, p.7).

Siderados pelas oportunidades de visibilidade pública que a imprensa cotidiana podia proporcionar, com os conseqüentes ganhos extras, como já se disse, os dirigentes da entidade nunca se deram conta das armadilhas muitos sutis criadas pela utilização jornalística do movimento do professorado. Muito ao contrário, sem se dar conta de que muito do que os dominados pensam de si mesmos deve sempre ao que os dominadores pensam deles (Champagne, 1998, p.13), os dirigentes em geral manifestaram-se ávidos de publicidade nas ações reivindicatórias do magistério. O resultado foi que as lideranças contribuíram, sem disso ter consciência, para a modelação de algo que, afinal, lhes cabia combater.

A construção do desvalor
Títulos de matérias publicadas na imprensa periódica das entidades

"Sofrido e injustiçado, magistério aguarda mensagem de reajuste" (*JP*, n.175, fev. 1981) - "Decepção geral" (*JP*, n.177, abr. 1981) - "Baixo índice de reajuste leva professores ao desespero" (JP, n.184, mar. 1982) - "Acabou o governo Maluf... Além de não cumprir a palavra, crucificou os professores: professores continuam trabalhando de graça" (*JP*, n.186, maio, 1982) - "A decadência salarial do professor" (*JP*, n.191, abr 1983) - "O melancólico e próximo fim da educação física nas escolas" (*JP*, n.193, jun. 1983) - "Hierarquia, não há mais"; "Desesperança?" (*JP*, n.194, ago. 1983) - "Professor bóia-fria do ensino" (*AN*, n.102, set. 1983) - "Baixará ainda mais o nível de ensino" (*JP*, n.198, fev. 1984) - "Golpe final na escola do povo" (*JP*, n.212, nov. 1985) - "Violência nas escolas" (*JP*, n.214, mar. 1986) - "Ganho mal, não tenho médico, nem hospital" (AN, n.130, jul. 1986) - "O professor na berlinda" (*JP*, n. 221, mar./abr. 1987); "Até quando (a escola pública vai continuar como está)?"; "Professor I discriminado" (idem); "Professores servidores prejudicados"(idem) - "Nunca perdemos tanto..." (*AN*, n.145, jan./fev. 1988) - "Salários miseráveis levam professor à loucura clínica" (*AN*, n.148, jun. 1988) - "Escorpiões triunfam na Amador Arruda" (*AN*, n.149, jul. 1988) - "Dossier revela o caos da escola pública" (*AN*, n.158, jul./ago. 1989); "Uma denúncia sistematizada do caos da escola pública" (idem) - "O mal estar na educação" (*JP*, n.243, mar. 1990) - "A agonia da escola pública" (*JP*, n.249, nov. 1990).

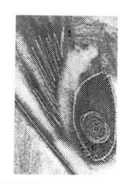

O preço do discurso

Para explicar o discurso, é preciso conhecer as condições de constituição do grupo no qual ele funciona: a ciência do discurso deve levar em conta não somente as relações de força simbólica que se estabelecem no grupo em questão – que fazem com que alguns estejam *impossibilitados de falar* (por exemplo, as mulheres) ou devam *conquistar* seu público enquanto outros estão em país conquistado – mas também as próprias leis de produção do grupo que fazem com que certas categorias estejam ausentes (ou representadas somente por porta-vozes). (Bourdieu, 1983, p.163)

Por conseguinte, compreender e fazer compreender o discurso, explica o sociólogo francês, é tornar inteligível não sua gramaticalidade, mas sua aceitabilidade, não o sentido, mas o valor, isto é, o interesse despertado e o poder do discurso no grupo social, ou seja, no mercado simbólico no qual o discurso está inserido. Assim sendo, a apreensão dos discursos da agenda sindical do professorado constitui mais um ingrediente que permite revelar tanto as práticas do magistério – as lutas e as estratégias de lutas, os lances de distinção simbólica, as formas de luta contra a relegação social – quanto os valores práticos (os interesses que conformam a *libido* profissional do magistério) associados ineliminavelmente as essas práticas.

De fato, o destaque dado a palavras e expressões utilizadas nos editoriais do *AN* permite apreender todos os esforços realizados pelas novas lideranças da Apeoesp tanto no sentido da alteração do espaço social do subcampo das entidades sindicais, deformação para si vantajosa das relações de força entre as entidades representativas do magistério, como já se disse anteriormente, quanto da conquista de um público para seu discurso, dois elementos simultâneos das lutas ao mesmo tempo pedagógicas e políticas travadas pelo professorado paulista nos anos 80. Do mesmo modo, o destaque de palavras e expressões de matérias do *JP* também permite apreender as formas pelas quais o CPP garante para si, inicialmente, o monopólio da representação legítima e, posteriormente, uma reserva de lealdade de determinada fatia do professorado[21].

O fio que separa um discurso do outro, o do CPP e o da Apeoesp, é o mesmo que separa as disposições das duas audiências. É como se a contribuição das lideranças da Apeoesp à mudança do *habitus* do professorado, inclinado agora a dotar o magistério de ânimos contestatórios e de parte dos atributos das carreiras masculinas (poder, força, combatividade) não pudesse ter sido realizada em linguagem outra senão na que foi de fato utilizada, e como se tudo o que foi dito pelo CPP no *JP* durante os anos 80 estivesse inteiramente adequado *a priori* às expectativas de ressonância em sua clientela. Compreende-se isso: as condições de comunicação entre agentes que ocupam as mesmas

---

21 A opção metodológica consiste no seguinte: destacam-se frases, palavras ou expressões (enfim, unidades do discurso), bastante recorrentes e expressivas, que, quando submetidas à análise, revelem as estratégias discursivas das entidades. O procedimento é similar, guardadas as proporções, ao utilizado por Sérgio Miceli em *A noite da madrinha*, quando o autor dá destaque aos sintagmas que constituem a base do código lingüístico usado por Hebe Camargo na doutrinação mítica veiculada pelo seu programa de auditório. Essas unidades discursivas são expressivas porque "provocam inteligibilidade imediata por parte do usuário da mensagem" (Miceli, 1972, p.69-75).

posições ou posições próximas do espaço social, mesmo em situações de aparente desentendimento, são produto da cumplicidade ontológica que se estabelece entre as posições ocupadas e as disposições internalizadas na forma do *habitus*, que comanda o acordo tácito entre o que e como se quer dizer/escrever e o que e como se quer ouvir/ler.

As relações de força simbólica no subcampo das entidades sindicais condicionaram inteiramente o franco-falar político dos pretendentes (Apeoesp) – linguagem desabrida, desafiadora, impertinente, ríspida, impaciente, dialeto ofensivo às vezes – e também a linguagem polida e circunspecta – sempre policiada e auto-regulada – dos dominantes (CPP). Como se viu na citação de Bourdieu, a própria constituição do público destinatário (as "leis de constituição", ou *nomos*, do grupo) torna possível explicar as estratégias discursivas dos locutores, isto é, tanto a clave da linguagem utilizada quanto a ausência ou presença de determinadas categorias de percepção nos discursos – categorias "guerreiras" no discurso da Apeoesp: "combatividade, luta, fogo"; categorias "missionárias" no discurso do CPP: "sofrido, injustiçado"; temeridade no discurso da Apeoesp: "direitos roubados"; cautela no do CPP: "apelo, o que se pode dar".

Legítimos, ou seja, pronunciados a partir de locutores e para uma audiência também assim designados, os discursos veiculados nos periódicos das entidades unem-se nos mesmos propósitos de legitimação das entidades, das lutas e das lideranças, e separam-se nas estratégias utilizadas para conferir valores distintivos a estes, ou seja, o que é a mesma coisa, nas estratégias de poder no subcampo. Vale aqui a observação de Bourdieu (1983, p.169) segundo a qual as estratégias de quem profere ou escreve o discurso são orientadas não tanto pelo rendimento comunicativo, ou seja, pelas esperanças de ser ouvido e compreendido, mas pelas expectativas de, uma vez compreendido, fazer-se acreditar e, logo, fazer-se "obedecer".

Assim, os discursos performativos dos periódicos fundam suas respectivas competências num balizamento um tanto inconsciente – mas de extraordinária eficiência prática – da formação dos preços lingüísticos e dos lucros que podem ser obtidos pelos locutores, porta-vozes das instituições e das lideranças (no presente caso num específico mercado, o do subcampo das entidades sindicais), lucros estes amealhados na forma de uma alteração um tanto considerável das relações de força no interior do subcampo, entre as duas entidades mais legítimas e entre estas e as demais, e eventualmente das relações do campo educacional com os poderes externos. Genericamente isso é o mesmo que observar, conforme Bourdieu (1983), que a competência comunicativa só possui valor quando referida a um mercado lingüístico, ou seja, que, sem mercado, a competência comunicativa não possui valor, deixa de ser capital lingüístico, isto é, soma de recursos que confere a alguém o poder de ser compreendido e obedecido pela credibilidade atribuída à palavra.

Como tudo o mais, o discurso produzido nas entidades sindicais para o professorado em luta não escapa, durante o período aqui estudado, a certas ambigüidades. Em primeiro lugar, sofre a ambigüidade de todo discurso sindical de agentes do campo simbólico, qual seja, sofre o efeito de sua particularidade corporativa. Isso significa que, fora de seu circuito de produção e consumo, o discurso das entidades sindicais dos profissionais da produção simbólica tem elevadas chances de ser pouco reconhecido em seu valor distintivo, ou seja, corre sempre o risco de ser interpretado como *qualquer outro discurso* corporativo, logo, tem tantas chances de impor juízos de validação quanto o poder da corporação e, considerando a posição dominada que, em geral, os produtores simbólicos ocupam em relação ao campo do poder, essas chances não são elevadas. Como os professores e professoras são, na qualidade de agentes do campo simbólico e embora ocupando posições dominadas, produtores de universalidade, o discurso particularista das entidades sindicais só podia ser fonte de ambigüidades a custo suportadas. Essa ambigüidade provavelmente é gerada a partir da oposição socialmente aceita entre o interesse (corporativo, centrado em especial nas questões salariais) e o desinteresse da produção simbólica, em geral, e da "missão educativa", em particular. Daí o fato de as lideranças, sobretudo as da Apeoesp, realizarem esforços tendo em vista dotar o discurso de certa generalidade ("não estamos sozinhos", "nossa luta é de toda a sociedade", "nossa luta interessa aos trabalhadores", "não podemos nos omitir nas lutas gerais") e daí o fato do aparecimento, em panfletos de escolas durante movimentos grevistas, de propostas de professores recomendando ser observado que o centro da luta não é o salário, mas a melhoria da educação pública do Estado, recomendação que expõe os dilaceramentos a que estava sujeito o professorado, acantonado numa posição objetivamente desprestigiada (baixos salários) mas dotada, no inconsciente coletivo da categoria, de elevados atributos simbólicos (carisma, gratuidade, desinteresse).

Além disso, a análise permite apreender outro tipo de ambigüidade: considerando que o *habitus* lingüístico expressa a posição ocupada no espaço das posições sociais, as relações que as duas entidades, por meio de suas respectivas lideranças, mantêm com a linguagem podem ser descritas, do lado da Apeoesp, como uma relação um tanto ambígua de classe média radicalizada, com todos os seus atributos: tensão, uma certa margem de insolência, pretensão, gritaria indignada, que afinal expõem todos os signos da revanche verbal dos dominados, associada com atributos das classes populares (disposições para a virilidade e a violência no uso das palavras). Do lado do CPP, como uma relação igualmente ambígua de dominante que trai o dominado, expressa por uma polidez que seguramente é muito mais prudência política do que refinamento (vide os inúmeros circunlóquios utilizados quando do exercício da crítica ao governo).

O discurso utilizado pelo CPP, moldado por uma tradição ligada ao etos missionário do magistério, é, em geral, proferido num tom que almeja a "imparcialidade"[22], polido e conforme às expectativas de sua clientela, majoritariamente formada, como já se disse em várias oportunidades, por professoras primárias do interior, mais tradicionais e em geral desconhecedoras do teor do discurso radical e aversas à lógica das disputas comuns na esquerda representada pelas novas lideranças da Apeoesp, e faz uso de certas categorias sancionadas pelo etos missionário. A legitimidade do discurso do CPP era extraída, para além do conteúdo deste, possivelmente de uma forma "litúrgica" – untuosa e plena de lhaneza – de proferi-lo.

É possível garantir que raramente o discurso oficial do CPP, exposto no *JP* nas matérias centrais mais importantes e não assinadas, mas também nas intervenções de seu presidente ou de dirigentes de relevo, trai qualquer impaciência ou contém uma palavra ou expressão mais ríspida ou insultuosa aos adversários[23]. Neste sentido, uma marca bastante

---

22 Em entrevista de 1996, o professor Sólon Borges dos Reis afirmaria: "Minha posição sempre foi pela entidade desengajada de militância partidária. Não de neutralidade. Neutro é pior. Que ninguém seja neutro. A condenação está no Evangelho: 'Tu és morno e eu te vomitarei'. Morno, não, mas imparcial" (Lugli, 1997). Durante os anos 80, reiteradas vezes o então presidente do CPP defendeu a imparcialidade como valor da instituição e condenou a neutralidade.

23 Embora isso tenha ocorrido, sobretudo no começo da década, quando então os dirigentes do CPP tiveram de enfrentar as lideranças emergentes da Apeoesp, ainda possuidoras de escasso capital simbólico no subcampo das entidades sindicais, logo de reduzida legitimidade. "Não nos tornaremos presa fácil de demagogos e irresponsáveis, que já provaram a sua absoluta imaturidade, conduzindo o magistério a situações humilhantes de retornar ao trabalho de cabeça baixa!" (*JP*, n.186, maio, 1982, p.3).

comum identificável no discurso do CPP, como já se fez referência, é o *tom de prudência*: "o CPP não está comprometido", "reconciliação", "o que se pode dar", "a classe quer ser compreendida e atendida", "o CPP confia". Às vezes, no calor das lutas o discurso chega a ser incisivo, mas é dotado de uma *incisividade limite,* nunca fechando portas e sempre deixando possibilidades abertas para a negociação. É possível afirmar que o discurso do CPP configura, pelo menos na época deste estudo, o típico *discurso de aparelho*, discurso legitimador cuja eficácia reside na produção e manutenção da fé na instituição.

Tudo se passa como se o discurso da Apeoesp, após a reviravolta na direção da entidade ocorrida com a vitória da oposição nas eleições de 1979, fosse proferido num tom destinado a substituir o etos missionário pelo etos do trabalho do magistério e as categorias presentes no discurso fossem instrumentos dessa empreitada[24]. Sua clientela era composta predominantemente de professores e professoras licenciados, em geral originários de camadas sociais urbanas do intermédio social e, por isso, menos expostos às virtudes tradicionais da profissão, com credenciais simbólicas

---

24 Isso faz-se presente já no primeiro número do *AN* após a "tomada da direção" da Apeoesp, como ficou conhecida a vitória eleitoral da oposição na entidade: "A luta para transformar praticamente a atitude política do professorado, tornando-o combativo e destemido na busca de seus direitos [...]" (*AN*, n.75, ago., 1979, p.7). Esta frase, admirável pelo poder de expressão, sintetiza todo o programa do que seria o projeto Apeoesp ao longo da década. Não deixa de ser impressionante a coerência com que este foi perseguido e até certo ponto realizado, embora não estritamente no modo como o desejavam as lideranças (ver a análise da Lei Zdhanov no capítulo 7). As descrições populistas do Movimento de Professores vêm em fatos como esse a construção pelas classes dominadas de "novos organismos de representação e conquista e transformação de antigos" visando a "criação e a difusão de uma concepção de mundo segundo os seus interesses" (cf. Ribeiro, 1984, p.34).

mais valorizadas e com mais ambições sociais, logo mais dispostos a aceitar e legitimar um discurso que pareceria assustador às professoras primárias leais ao CPP. A liturgia discursiva da Apeoesp não podia ser outra senão uma talvez mais identificada com todas as sólidas certezas destinadas a agregar um grupo em torno de um projeto de lutas prolongadas e desgastantes, sobretudo quando esse grupo ocupa posições dominadas, logo está mais predisposto ao conformismo e, em casos limites, à abulia (nesse aspecto, uma marca comum do discurso das lideranças da Apeoesp é o *tom de evidência*: "todos sabemos", "é claro que", "ninguém duvida").

Além disso, se por um lado a linguagem das lideranças da Apeoesp revela-se conforme as disposições contestatórias de agentes jovens de origens médias que tiveram suas esperanças de ganho social impulsionadas pela escola e, ao mesmo tempo, viram-nas frustradas em decorrência das coações objetivas impostas pelas estratégias de distinção dos grupos sociais, por outro a linguagem do CPP mostra-se adequada a uma instituição dirigida por agentes de uma faixa etária mais avançada, que já haviam obtido lucros em décadas de lutas e que, por isso mesmo, mostravam-se mais tendentes a estratégias voltadas a consolidar esses ganhos tanto materiais quanto simbólicos (ex-diretores de escolas, agentes com passagens pela burocracia educacional, por postos relativamente altos nas hierarquias políticas).

De outro ponto de vista, a linguagem do CPP revela-se gramaticalmente mais conforme à norma culta e a da Apeoesp, além de mais desviante da gramática, revela-se mais afeita ao jargão político usado pela esquerda na época. As coplas "franco-falar político/relaxamento" e "prudência política/correção" também podem ser interpretadas, respectivamente, tanto como a manifestação de tendências políticas classificadas pelos agentes em luta como conservadoras ou transformadoras (da sociedade e do próprio subcampo) quanto como a expressão de uma menor ou maior incorporação das censuras públicas então vigentes, que, afinal, revela a trajetória e as posições ocupadas e as disposições correspondentes. Ver a síntese no quadro a seguir.

Quadro 3 – Topografia discursiva das entidades

	CPP	Apeoesp
Claves do discurso	Prudência política	Franco-falar político
Formas	Correção, norma culta	Relaxamento, jargão
Censuras	Maior internalização	Menor internalização
Trajetórias no campo	De dominante a co-dominante	De pretendente a co-dominante
Disposições	Tradição	Contestação
Etos	Missionário	Do trabalho
Tendências políticas	Conservação	Transformação

A linguagem das entidades

Os exemplos a seguir podem servir para documentar as características distintivas referidas acima:

CPP: o tom moderado dos dominantes[25]

Há dozes meses que os professores e todo o funcionalismo estadual enfrentam a espiral inflacionária, a alta vertiginosa do custo de vida [...] Ao magistério **sofrido, injustiçado**, o que interessa, nesta altura dos acontecimentos, é saber [...] qual é a porcentagem de reajustamento que vai receber. [...] Se as bases e proporções do reajuste não corresponderem inteiramente ao índice da inflação confessado pelos próprios órgãos federais do governo, nova etapa de luta abrir-se-á para o professorado. **O CPP não ensarilhará armas e não esmoecerá**, mas, ao contrário, intensificará a campanha reivindicatória da classe até a **merecida** e completa vitória do professorado paulista. "Sofrido e injustiçado, magistério aguarda mensagem do reajuste", *JP*, n.175, fev. 81, p.1)

O Centro do Professorado Paulista acredita que não se pode deixar de considerar as razões pelas quais se entende que o tratamento ao magistério deve ser diferente, para melhor: em primeiro lugar, a inflação, que é constante e é crescente, sufocando a classe num processo de proletarização, agravado pela política salarial, que marginaliza os professores do ensino público, como todo o funcionalismo do País. Praticamente no mesmo nível de prioridade, a **necessidade social e cívica de valorizar a ação do professor,** como **elemento mais importante da tarefa da escola depois do aluno,** conforme, aliás, com o que, teoricamente, reconhecem os governantes em todos os níveis no País. ("As razões", *JP*, n.178, maio, 1981, p.1)

---

25 Os grifos são do autor deste estudo.

A Apeoesp e outras entidades já vinham preparando, há algum tempo, [...] uma assembléia geral de seus associados [...] O CPP resolveu [...] prestigiar essa assembléia [...] **o centro do professorado paulista não está, com isso, no entanto, comprometido a acompanhar decisões que venham a ser tomadas eventualmente por essa assembléia** [...] (*JP*, n.184, mar. 1982, p.8)

A **reconciliação** do magistério com os governantes deve constituir-se em preocupação prioritária do futuro Governo do Estado. É o que diz o Centro do Professorado Paulista, por causa das implicações que isso **pode ter** na administração do ensino, atualmente **esclerosada pela indisposição** com os professores, e, o que é ainda mais importante, em qualquer esforço sério para melhorar a qualidade da escola. (*JP*, n.190, mar. 1983, p.1)

O que colocamos, no entanto, mais incisivamente, é o que é preciso, **o que se deve e que se pode dar**, na conjuntura atual. Partindo do princípio de que os governantes em geral se queixam da falta de recursos [...] o professorado está entre a **perplexidade**, a **desconfiança** e o **desapontamento**. (*JP*, n.191, abr. 1983, p.5)

O desalento aumenta no magistério quando os governantes prometem e não cumprem. [...] A julgar por essa política salarial **injusta** e sufocante [...] Os professores estão **alarmados, desencantados, revoltados**. Mas a luta tem que prosseguir e precisa ser intensificada. A classe não quer ser **cortejada nem adulada**. Mas **compreendida e atendida**. Vamos continuar lutando. Levaremos essa luta até onde ela for necessária, para conseguir **justiça**. (*JP*, n.196, out. 1983, p.1)

O CPP, com a experiência de outras incorporações e reestruturações, tem **agido com a máxima cautela e prudência** para evitar, justamente, as surpresas desagradáveis havidas com as Leis 180 e 247." ("Incorporação do abono, esclarecimento", *JP*, n.241, out./nov. 1989, p.1)

O CPP, **entidade partidária**, não tem compromisso com nenhum partido político, tendo sempre mantido uma **postura independente**. O CPP não tem interesse em fortalecer ou desestabilizar este ou aquele governo, sendo o seu único objetivo o de lutar pela categoria que representa. O CPP tem compromissos assumidos com a verdade, nunca com a versão e **só recorre à greve em última instância**, depois de esgotados todos os recursos, o que já fez de forma vitoriosa. ("A verdadeira história das 13 referências", *JP*, n. 247, ago./set. 1990, p.1)

Apeoesp: o franco-falar político dos pretendentes

Todos sabemos que a **conquista** da Apeoesp, fruto de nossa **mobilização** e do avanço da **consciência política** do professorado, foi apenas o início do caminho que deve ser percorrido em busca de nossa entidade única, democrática e livre. As antigas diretorias que passaram pela Apeosp, como todos sabem, não deixaram apenas o saldo de **desmobilização** e **embotamento** da **combatividade** de nossa categoria [...] A luta, portanto, para transformar praticamente a atitude política do professorado, tornando-o **combativo** e **destemido** na busca de seus direitos [...] ("Em busca da independência e da democratização", *AN*, n.75, ago. 1979, p.7)

Quando foi conseguida [...] a devolução dos descontos, outra supresa: desconto de um pagamento indevido – o mês de fevereiro! Afinal, mas quem recebeu o abono de fevereiro?! Ao que se sabe, ninguém. [...] Enfim, a "criatividade" do **engodo**, da **malandragem**, não acaba mais. (*AN*, n.76, set. 79, p.3)

O governador Maluf, com o objetivo de **destruir** a Apeoesp e **quebrar** a diretoria nascida das lutas do professorado, lançou um **ataque brutal** à entidade [...] Enquanto a Apeoesp estava nas mãos dos **pelegos**, o governo não só apoiava, como alimentava a **ação corrupta** e o comportamento de **vendilhões** dos interesses dos assalariados. [...] Uma parcela da diretoria mais um grupo de professores equivocados [...] lançou-se a **romper** a unidade do nosso movimento [...] cabe acrescentar que este **fogo cerrado** do governo [...] entendemos que a **guerra** contra a Apeoesp [...] ("Em defesa da Apeoesp", *AN*, s.n., fev. 1981, p.1)

É claro que a intenção é de se aproveitar de nossa miséria salarial para fins eleitorais. Que **falta de respeito**! Que utilização maquiavélica de uma **categoria tão significativa** na nossa sociedade! [...] Queremos ver tratada nossa vida salarial com **seriedade e respeito** [...] Não queremos ser tratados como um **bando de agregados**. Nós somos trabalhadores e nosso patrão é o Estado. ("Boato é desrespeito", *AN*, s.n., jul./ago., 1982, p.3)

Os senhores também julgam (como o ex-governador Maluf) que o magistério é uma **profissão de "mulher"** e por isso não precisa ser bem remunerado? ("Debate eleitoral", *AN*, s.n., set., 1982, p.3)

O Magistério Oficial do *Estado de S. Paulo*, através de suas entidades representativas, **repudia** e **protesta** contras as atitudes do Governo do Estado que **traiu** compromissos assumidos [...] Diante desse comportamento **traidor**, de **má-fé**, o magistério, que já estava de **prontidão**, volta às ruas [...] Um governo que **trai** compromissos assumidos, que **desrespeita** uma categoria mobilizada em luta pelos seus direitos, que prega **demagogia**, que discursa o que não pratica e que faz da política **ato execrável** tem hoje o **repúdio** do magistério [...] ("Repúdio à traição", *AN*, n.108, maio, 1984, p.3)

Este ano nossa campanha salarial sofreu um revés. Apesar de inúmeras tentativas feitas pela Apeoesp e pelo funcionalismo o governo se negou a abrir negociação. Pelo contrário, elaborou projeto de lei que reestrutura as escalas de vencimentos do funcionalismo, de forma **discriminatória** e **autoritária**. Essa **discriminação** [...] não se justifica para os professores que interpretaram nossas conquistas até agora como reposição de perdas anteriores e recuperação de **direitos roubados** [...] ("Governo não quis negociar", *AN*, n.129, mai./jun., 1986, p.3)

O Congresso da CPB [...] caracterizou-se pela reafirmação dos professores **exigindo transformações radicais** no direcionamento da economia com o não pagamento da dívida externa [...] Por outro lado é evidente que o governo, diante do **crescimento** e **firmeza** do movimento sindical dizendo não a essa **barganha** unilateral [...] Diante disso e sabedores dessa **artimanha** os trabalhadores vão **se armando** cada vez mais [...] (*AN*, n.135, jan./fev. 1987, p.3)

Com o tempo, a partir de mais ou menos meados da década de 1980, o CPP elevaria seu discurso em alguns sustenidos e a Apeoesp abaixaria seu tom em alguns bemóis, embora tanto um quanto outro mantenham suas características básicas anteriormente comentadas. Os discursos não se homogeneizariam, isso é coisa certa, mas seguramente iriam experimentar mudanças como conseqüência das alterações nas relações de força produzidas pelas lutas conformadoras do subcampo das entidades sindicais do magistério.

"As palavras exercem um poder tipicamente mágico: elas fazem ver, crer, agir. Mas, como no caso da magia, é preciso se perguntar onde reside o princípio desta ação; ou, mais exatamente, quais as condições sociais que tornam possível a eficácia mágica das palavras. O poder das palavras não se exerce senão sobre os que estão dispostos a escutá-las e compreendê-las" (Bourdieu, *apud*. Accardo & Corcuff, 1992, p.56). Cartaz da Apeoesp, 1986. No discurso da entidade, "luta" funciona simultaneamente como categoria de percepção e esquema prático de ação.

Foto: Arquivo da Apeoesp

PARTE III
UMA FICÇÃO BEM FUNDADA

7

Apeoesp: as ambigüidades da politização

É possível trazer à inteligibilidade a ambigüidade dos valores dos agentes do magistério oficial paulista nos anos 80 a partir da análise dos efeitos produzidos pelo projeto das lideranças da Apeoesp de *politizar* o professorado, isto é, de dotá-lo de disposições combativas. Por estabelecer um "curto-circuito" (Bourdieu) entre a economia do campo educacional (móveis de luta, valores, interesses, *libido* profissional) e a do campo político, ou seja, ao não escapar das dicotomias entre a análise interna e a externa, entre o micro e o macro, entre as lutas educacionais e as lutas "mais gerais" do magistério, não possuindo, por conseguinte, outro recurso analítico para apreender as coações sociais dos campos simbólicos senão a alternativa de remeter ao contexto, as descrições populistas do Movimento de Professores – aqui caracterizadas pelo fato de serem inclinadas à transposição para a análise das disposições contestatárias de seus autores, e pelo fato destes outorgarem a si o direito e o dever de falar para o povo, quando não em seu lugar – não conseguem apreender toda a ambigüidade da politização do subcampo das entidades sindicais, com os valores daí decorrentes, interpretando-a na superfície sob o signo valorativo da "conscientização".

Por um estranho paradoxo, as descrições populistas do Movimento de Professores, sempre prontas a realçar as resistências dos sujeitos em luta, não identificam onde reside precisamente a resistência dos agentes a todas as formas de violência, que se situa justamente na *refração* das coações materiais e simbólicas a que estão submetidos, refração essa realizada por meio da mediação da estrutura do campo. É essa possibilidade de retraduzir os conflitos sociais, as coações e as lutas abertas ou latentes de toda a sociedade, que garante o grau de autonomia do campo educacional, logo a especificidade simultaneamente pedagógica e política das lutas empreendidas. De fato, é possível estabelecer a lei geral da autonomia dos campos afirmando que

> quanto mais um campo é autônomo, maior será seu poder de refração, mais as coações externas serão transfiguradas, até ao ponto, freqüentemente, de tornarem-se perfeitamente irreconhecíveis. [...] Inversamente, a heteronimia de um campo manifesta-se essencialmente no fato de que os problemas exteriores, notadamente os problemas políticos, se exprimem diretamente nele. (Bourdieu, 1997a, p.15-16).

A importação de problemas e critérios exteriores – móveis, valores e normas – aos campos, isto é, o que é a mesma coisa, o condicionamento das questões específicas do campo a princípios hetrônomos é o que Bourdieu chama de Lei Zdhanov, numa referência ao "esteta-em-chefe" do realismo socialista nos anos 30 que, como se sabe, submeteu inteiramente a produção cultural e artística da ex-URSS a critérios imediatamente políticos.

O recenseamento das matérias mais francamente políticas que vieram a lume no *Apeoesp em Notícias* (por exemplo, as "análises de conjuntura"), presentes particularmente nos suplementos do periódico, nas quais transpunham-se quase diretamente para o subcampo das entidades os móveis de movimentos, partidos e outras instituições externas, assim como a leitura dos programas das chapas concorrentes em eleições à direção da entidade e das teses e resoluções dos congressos realizados por esta durante o período, bem como os textos de formação sindical, permitem apreender que, durante os anos 80, as lideranças da Apeoesp bateram-se fortemente pela politização do professorado e das suas entidades sindicais. Esta é realizada a partir da utilização de critérios – móveis, valores, normas, interesses, argumentos, enfim, formas de visão e divisão do mundo – importados de partidos políticos de esquerda, particularmente do PT e do PC do B, e de teorias educacionais mais inclinadas a fazer ressaltar a heteronimia do campo educacional, marxismo, pedagogias do oprimido e crítico-social dos conteúdos, os paradigmas mais visíveis no campo da análise educacional brasileira na época, cujas formulações sem dúvida influenciaram bastante e em todo o período as lideranças da Apeoesp. Essa politização pode ser interpretada como recurso destinado tanto a efetuar a reviravolta das posições relativas das entidades do subcampo sindical dos professores, quanto a abertura de alternativas para estratégias de reconversão das credenciais simbólicas dos agentes mais autorizados a ter ambições sociais e políticas, em virtude da composição dos capitais possuídos (lideranças).

Se, por um lado, a questão de saber se a entidade foi ou não partidarizada é secundária para os propósitos deste estudo, por outro o decisivo é fazer notar a reduzida refração na Apeoesp das demandas de outros movimentos sociais e de instituições externas ao campo educacional, às quais estavam direta ou indiretamente ligadas as lideranças da entidade (partidos de esquerda, CUT, movimento dos sem-terra ao final da década).

Era nítido que politizar parecia às lideranças da Apeoesp tão axiomático quanto ganhar visibilidade na imprensa. Em qualquer situação politizar no campo educacional e alhures não significa politizar de qualquer forma ou abstratamente, razão pela qual os textos para "agir e refletir", de Paulo Freire, foram na época eficazes para a politização, mas a partir de um certo ponto de vista (daí os embates entre as tendências, cada uma tentando fazer seu ponto de vista sobrepor-se aos demais) e de princípios externos retirados da economia do campo político, que configura assim o elemento unificador das tendências. Além do mais, politizar implica sempre julgamentos de valor, mas a partir de valores não necessariamente secretados pelo campo, embora estes, por mais autônomos que sejam, também estejam atravessados por valores genericamente morais e sociais.

Por exemplo, no campo científico há julgamentos de valor, quase ninguém o nega, mas valores fundados em critérios próprios e produzidos nas lutas concorrenciais que põem os agentes em disputa pelos capitais propriamente científicos em jogo, terminando, ao fim e ao cabo, por reforçar os grandes valores dos campos científicos, imparcialidade, neutralidade e autonomia, que não são sempre inteiramente alcançados, lembrando que os agentes que mais apostam na heteronomia são os mais pobres nos capitais específicos do campo e os mais ricos em outros capitais. Daí decorre que um campo científico politizado seleciona teorias a partir de julgamentos de valor externos, para os quais a imparcialidade, a neutralidade e a autonomia são ficções prejudiciais (vide, por exemplo, o famigerado caso Lyssenko na ex-URSS para o qual as teorias biológicas da seleção natural mais legítimas seriam aquelas que confirmassem a ideologia do partido).

Embora geralmente eufemizada, em última análise a politização está sempre direta ou indiretamente relacionada ao móvel central do campo político, qual seja, a tomada e manutenção do poder propriamente político, razão pela qual toda politização, por mais dignos que sejam os motivos, é inevitavelmente instrumental, isto é, persegue uma lógica não específica para o campo a ser politizado. É preciso, por conseguinte, estabelecer diferença entre as políticas específicas dos campos autônomos e a politização – o que será feito a seguir baseado em Bourdieu (1983; 1997a).

Todo campo, como já se disse, é um espaço estruturado de posições relativas nas quais os agentes (indivíduos e instituições) lutam pelos capitais específicos em jogo. Como os campos são arenas de força ou espaços concorrenciais, as lutas que aí ocorrem são inseparavelmente políticas e pedagógicas, científicas, artísticas etc., conforme o campo (educacional, científico, artístico, etc.). Entretanto a dimensão política das lutas pelos capitais em disputa (educacional, científico, artístico, etc.) encontra seu princípio de legitimação na economia específica do campo. Quanto mais autônomo, mais as lutas políticas em seu interior são orientadas para os lucros específicos proporcionados pelo campo e mais as armas utilizadas são igualmente específicas. Com outras palavras, a autonomia de um campo é proporcional à perfeição da concorrência em seu interior. Em contrapartida, quanto mais heterônomo, mais os agentes buscam nos poderes externos (partidos, igrejas, governos, imprensa, empresas) o princípio de legitimidade para as lutas políticas (agora tornadas não-específicas) travadas no interior do campo. Assim, a heteronimia de um campo é proporcional à imperfeição das concorrências que nele ocorrem, ou seja, na concorrência imperfeita dos campos heterônomos os agentes são inclinados à politização. Do fato de os campos serem espaços de lutas concorrenciais simultaneamente políticas e pedagógicas, científicas, artísticas, etc., decorre a ambigüidade estrutural dos campos simbólicos, pois os agentes envolvidos nas lutas simbólicas (desinteresse) estão automaticamente em luta pelo poder simbólico no campo, ou seja, pelo poder legítimo simultaneamente político e específico de nomeação e classificação a partir das normas internas ao campo (interesse no desinteresse). Se o campo simbólico perder autonomia, ou estiver num estado histórico de escassa autonomia, a ambigüidade antes referida é potencialmente duplicada pelas tentações da politização.

De modo que é preciso afastar toda interpretação reducionista da politização operada pelas lideranças da

Apeoesp no subcampo das entidades sindicais do magistério oficial paulista. A análise empreendida neste estudo permite considerar que a politização não se realiza a partir de um desejo um tanto consciente ou inconsciente de manipular à sorrelfa o subcampo, nem por um projeto explícito e inteiramente codificado de contrapor à "hegemonia burguesa" os interesses e a "visão de mundo" dos trabalhadores, mas sim a partir das lutas, ora mais, ora menos filtradas, isto é, relativamente "puras" travadas num estado de relações objetivas do subcampo das entidades sindicais que viabilizou e impulsionou estratégias heterônomas. Ou seja, num estado que permitiu, sem censuras definitivas, uma relativamente tênue sublimação dos interesses externos ao subcampo.

Visto retrospectivamente, isso é quase um pleonasmo, não se pode deixar de observar que num estado anterior do subcampo (por exemplo, nos anos 60 e parte dos 70), quando o CPP detinha então o monopólio da representação sindical legítima e as disposições dos professores e particularmente das professoras os inclinavam à lealdade à entidade e a uma certa forma de sindicalismo (assistencialismo, acomodações mais ou menos explícitas com a Secretaria da Educação), muito possivelmente as estratégias heterônomas estariam fadadas ao fracasso e as "novas lideranças" teriam de procurar alternativas mais autônomas e específicas para suas estratégias de capitalização dos lucros simbólicos no subcampo. Razão pela qual, a partir da perspectiva aqui adotada, é insatisfatório afirmar que "no final dos anos 70, a Apeoesp e o CPP não respondiam adequadamente aos interesses da categoria" (Mortari, 1990, p.31).

Esse tipo de asserção normativa (os interesses da categoria identificados aos interesses que o/a analista consideram os da categoria, e a adequação das entidades identificada à adequação que o/a analista considera a mais adequada) é um obstáculo à tarefa de lançar luz em todo o jogo simbólico desenvolvido no subcampo e na reviravolta no estado de suas relações que iria ocorrer ao longo da década de 1980. Entre outros, haveria o problema de explicar a legitimidade do CPP no período e como o CPP iria até o final da década com um razoável suporte de aceitação (100 mil associados, conforme o *JP*). O fato é que, no final dos anos 70, as "novas lideranças", ao escolherem a então enfraquecida diretoria da Apeoesp para combater e derrubar (a famosa "tomada da direção") estavam de fato identificando com muito tino e faro (o sentido do jogo) qual espaço institucional era o mais acessível às lutas heterônomas que elas estavam eventualmente inclinadas a travar.

Politização e conscientização

Diz-se que um campo encontra-se num estado inclinado a demandas heterônomas quando, como já se disse, móveis externos, sobretudo políticos (os conflitos abertos ou latentes de toda a sociedade, os interesses específicos do campo político ou dos movimentos sociais), exprimem-se diretamente nele, sem mediações, sem eufemismos, sem a transfiguração porporcionada pela estrutura autônoma do campo, que é a responsável pela retradução desses móveis para a lógica do campo considerado. Por conseguinte, e de acordo com a lei geral de autonomia dos campos, quanto menos autônomo um campo, mais imediatos e sedutores são os aliciamentos externos (a notoriedade mundana proporcionada pela imprensa, os cargos nas burocracias partidárias e sindicais, os postos nas hierarquias políticas, entre outros) e mais presentes e legítimos os critérios de visão e divisão advindos de outros campos (o religioso, por exemplo). Diz-se que um campo encontra-se politizado quando, além de aberto às demandas do campo político, o princípio propriamente político de visão e divisão do mundo, ou princípio propriamente político de escolha, sobrepõe-se a todos os demais (cf. Bourdieu, 1992, p.243).

Num campo politizado, a política está, como se dizia à época, "no posto de comando". Não é, portanto, apenas por uma concessão à lógica do pensamento classificatório que à pedagogia, à escola, à educação se adiciona o adjetivo "político" ("pedagogia política", "conscientização política", "definição política", "formação política"), mas sobretudo em virtude da "aplicação generalizada e sistemática de critérios propriamente políticos ao conjunto dos problemas", com o propósito de submeter a lógica das coisas "ao princípio explícito e objetivo de suas opiniões políticas" (idem, p. 244). É possível mostrar que durante toda a década de

1980 diversos campos simbólicos no Brasil passaram por fases de politização um tanto intensas, e é interessante constatar que mesmo campos altamente protegidos, como o da arquitetura erudita, também passaram, quase na mesma época, por processos de politização (vide o uso do cimento aparente nas construções públicas como forma de denunciar tanto a exploração do trabalhador quanto as "formas de compromisso do arquiteto com a dominação de classe" cf. Durand, 1989, p.255-90).

Os documentos internos das entidades e as matérias dos periódicos, em especial os da Apeoesp, permitem constatar que a politização do magistério oficial paulista nos anos 80 apresenta-se inseparavelmente associada à conscientização ("estamos presenciando a crescente conscientização e politização do magistério", *AN*, n.108, maio, 1984, p.5). A conscientização, com seu inevitável e forte apelo à dimensão libertadora do processo educativo ("práxis da liberdade"), emprestando aos agentes do magistério a aura de "agentes da conscientização" (portanto, profissionais da reflexão, da crítica, dos atos criativos e da liberdade), teve sem dúvida o efeito paradoxal de reduzir a eficácia do estranhamento dos agentes do magistério, sobretudo as mulheres, aos princípios propriamente políticos de escolha. Violência simbólica altamente eufemizada, a conscientização, "estranho vocábulo", no dizer de Paulo Freire, conduziu os professores da rede pública a tomadas de posição sincrônicas (as greves sucessivas ilustram isso) só possíveis em razão tanto das afinidades de posição dos membros do magistério quanto do trabalho, realizado ao longo de toda a década, de construção de uma visão coerente e de um grupo coeso em torno de uma identidade própria, a do trabalhador educacional:

> O mito da tomada de consciência como fundamento do agrupamento voluntário de um grupo em torno de interesses comuns conscientemente apreendidos [...] oculta o trabalho de construção do grupo e da visão coletiva do mundo que se realiza na construção de instituições comuns e de uma burocracia de *plenipotenciários* encarregados de representar o grupo potencial dos agentes unidos pelas afinidades do *habitus* e dos interesses. (Bourdieu, 1992, p.247)

As matérias do *AN*, desde o início da "tomada da direção" da Apeoesp em 1979, permitem constatar que suas lideranças sofreram uma alteração na adesão *dóxica* ao magistério, como já dito. É como se, descrentes dos lucros materiais e simbólicos da carreira, oriundos de posições sociais médias que os faziam sofrer duramente a ansiedade por reconhecimento e dotados de ambições mais vastas, os líderes da entidade apostassem certamente no jogo cujas cartas eles tinham em mãos, mas no qual eles iriam contribuir para alterar as regras, isto é, em que os princípios de legitimação seriam em parte obtidos "de fora", em instâncias nas quais eles se sentiam como peixe dentro d'água. O essencial dessa alteração residiu no projeto de transformação do professor num militante, não apenas num "militante pedagógico", o que seria perfeitamente adequado ao estado anterior do subcampo, mas num militante político, ativo participante das lutas e movimentos sociais, integrante de partidos políticos, naturalmente solidário a todos os movimentos populares e ideologicamente perfilado ao lado das bandeiras supostamente identificadas com os interesses dos trabalhadores.

Nessa alteração os princípios de legitimação deslocam-se: seriam obtidos não a partir de competências estabelecidas sob o império de normas especificamente educacionais[26], mas nas assembléias e congressos, passeatas, conchavos e negociações "entre homens", nas reuniões partidárias e sindicais, na imprensa, com o metro da argumentação propriamente política cujo manejo as lideranças da Apeoesp mostrar-se-iam tão hábeis quanto dispostas. Essa alteração *dóxica* (o descrédito na autonomia do campo e a valorização da heteronimia) seria tanto mais eficaz quanto mais justificada pelas teorias então consagradas, para as quais "a função de educar é função política, que exige do educador o comprometimento com seu trabalho que extrapola a prática educativa limitada à sala de

---

[26] O que ainda acontecia no CPP mesmo nos anos 80: toda a legitimidade do professor Sólon Borges dos Reis emanava, segundo o *JP*, do fato de ele ser "educador nato e democrata convicto".

aula" (Fassoni, 1991, p.81). A partir desse senso comum, na época partilhado pelas lideranças de esquerda do subcampo das entidades sindicais, mas também encontrável, como já se disse, na literatura educacional mais legítima, em particular nas formas então praticadas de marxismo, o programa da Apeoesp seria, em última análise, inteiramente condicionado pelos propósitos de definir a função política da educação e executá-la. Primo *et al.* (1993) situam da seguinte maneira a Apeoesp entre os diversos movimentos de esquerda da época:

> Na década de 70, a Apeoesp mantinha relações assistencialistas com os professores e conciliadoras com o Estado. Esse foi o sindicalismo permitido pelo governo militar instaurado em 1964. Apesar das restrições, o movimento emergente dos professores começou a dar alguns passos e (um dado importante no jogo, que iria ter influência no futuro), estabelecer alianças com grupos políticos que, naquela época, eram semi-clandestinos. Assim, organizações como a OSI (Organização Socialista Internacionalista), a Libelu (Liberdade e Luta), o MEP (Movimento de Emancipação do Proletariado), a Polop (Organização Marxista Política Operária), a AP (Ação Popular), o MR-8 (Movimento Revoulcionário 8 de outubro), o PCB (Partido Comunista Brasileiro) e o PC do B (Partido Comunista do Brasil) edificaram as várias tendências que atuaram junto a dois grupos de professores formados nesse período: o MUP (Movimento de Unificação dos Professores) e o Moap (Movimento de Oposição Aberta dos Professores). Fizeram parte também das correntes que agiam no movimento de professores ligados à Igreja católica, como as equipes docentes, anarquistas e grupos de direita. [...] a primeira idéia do MUP surgiu entre 1976 e 1977 e foi iniciativa da então OSL, organização trotsquista, cuja continuidade foi a corrente

Trabalho do Partido dos Trabalhadores. (Primo *et al.*, 1993, p.24-5)

Presença da Apeoesp na manifestação pró-CUT, no dia nacional de lutas, Praça da Sé, outubro de 1981.

Foto: Vera Jursys (Arquivo da Apeoesp)

A propósito da literatura educacional que na época exerceria influência sobre as lideranças da Apeoesp, um dos textos mais francamente inclinados à heteronomia é *A formação política do professor de 1º e 2º graus*, publicado em 1984:

> É, pois, a própria prática dos professores que evidencia a mediação necessária do **partido** na educação política das lideranças da categoria e por elas na educação de toda a categoria. Sendo o **partido** um importante organismo de educação política, constitui-se num instrumento de viabilização mais efetiva e, portanto, mais estreita do vínculo entre líder de uma categoria e classe fundamental (dominada, no caso). [...] Entendendo,

pois, que o trabalho do professor, inserido que está no âmbito do conhecimento, tem caráter intelectual (político-dirigente e organizador) e difusor (crítico), [...] insere-se de maneira direta no âmbito da luta ideológica em desenvolvimento no seio da sociedade do qual é parte. [...] Luta que faz da formação, que a participação direta da vida de um **partido** possibilita, algo necessário a uma parcela da camada de intelectuais da categoria de professores. (Ribeiro, 1984, p.262-3) [grifos da autora]

Tanto é nitidamente observável a justificativa à heteronimia (formação no partido) quanto a supressão do subcampo como estrutura refratora das demandas externas ("insere-se de maneira direta"), além da redução do simbólico ao político (o então chamado caráter político-dirigente-organizador do intelectual). Para as lideranças da Apeoesp, recomendações como a acima teriam seguramente enorme *efeito justificador*. E uma das idéias que passa a vigorar é a de que "não podemos mais nos omitir politicamente".

Quando em 78 nós professores nos proibíamos de colocar questões políticas em nosso movimento reivindicatório, ainda não percebíamos a estreita relação desse movimento com a vida política do País. Hoje, esta situação está bem mais clara. [...] nós, professores, enquanto trabalhadores, enquanto parcela significativa dessa força social, não podemos mais nos omitir politicamente. [...] Se de um lado muitos partidos surgem como remendos de outros partidos [...] por outro, abre-se, no momento político atual, a perspectiva dos trabalhadores se organizarem em um partido que realmente defenda seus interesses. (*AN*, n.78, mar. 1980, p.7)

Somos 200.000 trabalhadores da educação em São Paulo, distribuídos em 4.000 escolas por todo o Estado. Nosso contato com a população é estreito e sistemático. Nosso papel, como educadores, é de grande significação social e política. Nossa responsabilidade nos rumos que tomam o Brasil não pode ser negada. Nosso compromisso com os demais trabalhadores, na luta por uma transformação na sociedade, leva-nos à manifestação do nosso repúdio ao ato do governo que, mais uma vez, impõe um pacote eleitoral tentando perpetuar-se no poder, visando, fundamentalmente, impedir a livre organização política do povo trabalhador em busca de um caminho próprio para sua libertação. Neste momento de crescente instabilidade política, lutamos para que a nossa categoria adquira a sua identidade, unida, politicamente, ao conjunto dos trabalhadores na luta pela liderança da oposição ao regime." ("Editorial", *AN*, s.n. dez. 1981, p.3)

Estamos presenciando a crescente conscientização e politização do magistério. As precárias condições econômicas e de trabalho que se impõem aos trabalhadores da educação estão contribuindo para isso. Os professores, cada vez mais, estão percebendo que são instrumentos a serviço da dominação e exploração exercida pela classe dominante. [...] Os educadores estão tomando consciência de que enquanto explorados fazem parte de um sistema de inculcação ideológica em benefício da manutenção da exploração. [...] Não devemos nos iludir e atribuir à educação um papel messiânico; temos que marcar presença junto à sociedade, na luta por democracia, eleições diretas para Presidente da República, Constituinte, direitos humanos, etc. ("Conscientização e politização do magistério paulista", *AN*, n.108, maio, 1984, p.5)

Os problemas que afligem a educação em nosso país são óbvios. A coragem e o amadurecimento que o magistério, em nosso estado, mostrou na última greve são o sinal mais evidente de que chegamos a um ponto do qual é impossível retroceder. Nossa luta, hoje, assume características específicas de reivindicações salariais e de valorização profissional. Este, porém, é apenas um momento do grande desafio que temos pela frente. A garantia de uma educação mais digna e libertadora não se esgota com a melhor remuneração do professor. [...] É chegada a hora de repensarmos nossa posição na sociedade e assumirmos que a prática pedagógica é, essencialmente, política. Só assim estaremos redefinindo os rumos de uma política educacional que, atendendo aos interesses de professores, alunos e sociedade em geral, se torne agente libertário e de conscientização. ("Por uma pedagogia política", *AN*, n.109, jun. 1984, p.9.)

1. O educador deve ter uma participação política ou ampliá-la. Para isto, [os delegados] propõem: a) participação efetiva em todas as lutas sociais; b) filiação a um partido político de sua preferência; c) integração do educador aos movimentos populares, formando-se assim um agente transformador da sua escola e da sociedade; d) definição política e ideológica do educador em favor de uma prática voltada para o povo; e) unificação dos educadores com todos os segmentos da sociedade na luta pelo direito de voto na escolha legítima dos seus representantes e por uma mudança radical na política econômica que passasse principalmente a dar prioridade à agricultura, educação e saúde; [...] 2. O educador deve ter uma participação sindical ou ampliá-la. Para isto propõem: a) Participação sindical efetiva fortalecendo as entidades representativas; a participação sindical favorece a politização do educador, pois ajudá-o a vencer o medo, a

opor-se ao autoritarismo da escola e a desenvolver um posicionamento crítico; [...] c) divulgação da questão sindical nas reuniões pedagógicas, visando a divulgação das lutas que as entidades vêm promovendo; [...] e) independência das entidades em relação aos partidos políticos; [...] h) formação de uma entidade única do magistério, nos moldes de sindicato; e de modo que tenha representatividade através da filiação de todos os educadores (professores, diretores, delegados, supervisores, diretores de divisão, etc.); [...] j) participação na luta pela unificação de todos os trabalhadores. ("Propostas dos Encontros e Congressos Regionais preparatórios para o 3º Congresso Estadual da Apeoesp", *Revista de Educação*, nº0, mar. 1985, p.10.)

Certamente seria preciso um demorado trabalho de inculcação para dotar o professor comum dos instrumentos disposicionais que lhe permitisse não só decodificar as nuanças dos conflitos da esquerda como, e sobretudo, se interessar por eles. Se no início da década era praticamente impossível para um professor "da base" interessar-se e entender as sutilezas da discussão se a Apeoesp deveria associar-se à CUT ou à CGT, ou se a Conclat deveria ou não proclamar a criação da CUT, e achasse estranho que no periódico da entidade se discutisse com tanta ênfase se o politicamente mais correto seria apoiar Tancredo Neves nas indiretas (tendência do PC do B) ou o boicote e luta pelas Diretas-Já (PT) – incompreensão e estranheza constatáveis nas cartas dos associados ao periódico – já no final da década, conforme pode ser verificado na pesquisa de Fassoni (1991), os professores, militantes ou não, iriam mostrar-se mais receptivos às demandas de partidos e de associações externas e inteiramente concordes com as tomadas de posição das lideranças mais legítimas.

Seria somente a partir de uma bem sedimentada identificação da base com as lideranças, construída em termos heterônomos, os que então se mostraram mais aptos à expressão da combatividade "masculina" do magistério, que, ao tomar posse na sucessão da administração do professor Gumercindo Milhomem Neto, o recém eleito presidente da entidade, professor João Antônio Felício, convocaria o professorado à luta pela "conquista da reforma agrária, pelo não-pagamento da dívida externa e, fundamentalmente, [...] por uma sociedade socialista" (*AN*, n.139, jun./jul. 1987, p.3), afirmação que, mesmo eufemizada sob a forma do combate ao corporativismo, dificilmente não seria censurada em campos simbólicos relativamente mais autônomos.

De toda a argumentação anterior é possível sustentar que a politização do Movimento de Professores empreendida pela Apeoesp nos anos 80 estava estruturalmente condenada à ambigüidade: ao politizar o professorado, a liderança da entidade lutava por dotá-lo de combatividade (de atributos masculinos: força, comando, poder) para resistir às estratégias de relegação social a que estavam submetidos, para resgatar valores perdidos (a distinção social do magistério) e constituir uma identidade profissional em formação (igualmente de forma ambígua, pois a politização em si prescinde de argumentações especificamente profissionais, em que pesem os esforços de teóricos na época por juntar competência técnica com compromisso político) terminando no final das contas por contribuir objetivamente para a heteronimia do campo e, por conseqüência, contribuir, sem disso ter consciência e perseguindo o objetivo oposto, para a sujeitação quase irreconhecível, pois envolta com as bandeiras aparentemente mais radicais, dos agentes do campo aos poderes externos, estes últimos chamados agora, no âmbito da invocação de princípios heterônomos, ao papel de normatizadores dos valores e móveis de luta do subcampo.

Apeoesp: alguns valores em estado prático

É possível verificar de forma indireta o impacto da heteronimia no subcampo. A partir de uma pesquisa por questionário conduzida por Laurita Fernandes Fassoni (1991) com seiscentos delegados presentes ao VII Congresso Estadual da Apeoesp, realizado em São José do Rio Preto em outubro de 1988, pode-se apreender as crenças tácitas dos professores e professoras associados à entidade, militantes ou não, isto é, a fé prática que constitui produto e condição do pertencimento a um campo (Bourdieu, 1980, p.11), assim como os investimentos e os interesses que prendem os agentes aos jogos do campo, logo os valores em estado prático que, como já se disse, são incorporados pela simples imersão e socialização do agente no campo. Dada a amplitude da amostra, professores e professoras da capital, da Grande São Paulo e de dezenas de municípios do interior do estado, professores e professoras I e III, com tempo de serviço variável entre um e 33 anos, de diferentes disciplinas e diversas situações funcionais, tem-se na pesquisa um conjunto sem dúvida razoavelmente representativo do magistério oficial paulista.

Um resumo bastante livre da pesquisa registra que, quanto aos estímulos para ingressar e permanecer na carreira, 35% dos entrevistados descartaram o salário como fator de estímulo para o ingresso e 54% descartam-no como fator de permanência na profissão. Quanto mais jovem na carreira, menos o salário adquire relevância tanto para ingresso quanto para permanência. Isso tanto pode significar "que o nível de aspiração salarial do integrante do magistério é muito baixo" (Fassoni, 1991, p.174) quanto que, para agentes do intermédio social, os baixos salários da categoria não constituem elemento de ascensão social. O prestígio profissional também não se revelou na pesquisa como fator estimulante para o ingresso e permanência na carreira, exceto para o pessoal mais antigo, seguramente mais exposto ao etos missionário do magistério. Já o fator "conciliação com a vida doméstica" apresentou-se como importante elemento para o ingresso e permanência na carreira, fato explicável à luz da feminização do magistério (confrontar esse resultado com a análise de Aparecida Joly Gouveia citada no capítulo 3 sobre a coabitação entre dedicação exclusiva ao lar e magistério como alternativa profissional das normalistas dos anos 50 e 60).

Os fatores "acomodação" e "dificuldade para conseguir outro emprego" revelam-se significativos, como já era esperado, para o pessoal mais antigo, permitindo a conclusão de que os mais jovens "virtualmente poderão buscar novas atividades" (idem, p.191), agravando o êxodo de profissionais jovens e mais qualificados para outros postos de trabalho. O fator "gosto pela profissão" para a permanência na carreira apresenta-se significativo para os mais antigos, e os integrantes jovens do magistério não parecem inclinados a permanecer na profissão por gosto próprio, o que prova que a desvalorização da carreira também influencia em atitudes valorativas básicas do professorado quanto ao seu próprio trabalho, o que certamente diminui o compromisso do agente com a profissão. Indagados sobre a aplicação das verbas públicas na educação, 79% da amostra considerou pertinente a aplicação exclusiva na escola pública e 82% que o governo deve garantir a gratuidade do ensino até o 3º grau. Sobre a formação e capacitação do corpo docente, 83% da amostra considerou que isso é de competência do Estado e 52% que os cursos de capacitação docente devem ser ministrados durante o período letivo.

Indagados sobre as características ideais da escola pública, o maior número de respostas conclusivas incidiu sobre a característica "democrática", o que certamente comprova a força dos apelos democráticos no seio de uma categoria na época inclinada à contestação, embora a maioria, e isso não deixa de surpreender em se tratando de delegados a um congresso, não tenha se pronunciado sobre esse item do questionário. O "descaso" do governo com a educação, aliado a baixos salários e à desvalorização do professor são os problemas educacionais mais preocupantes para os entrevistados. A qualidade considerada indispensável para um educador que recebeu maior aprovação entre os entrevistados foi a competência técnica ("domínio da matéria"), o que revela inclinação dos agentes para atributos propriamente profissionais do magistério.

Quanto aos principais entraves à participação ativa do alunado na escola, a resposta que recebeu maior adesão é a que atribui o fato à falta de diálogo e apoio da direção, além do autoritarismo na relação pedagógica. Em geral os entrevistados mostraram-se inclinados a aprovar o desempenho da entidade tanto nas questões salariais quanto nas funcionais. A "participação" (ao lado de uma "melhor comunicação") mostrou-se ser um valor para os entrevistados quando solicitadas sugestões para a melhoria do desempenho da entidade. Os congressistas entrevistados mostraram-se fiéis à Apeoesp: 64% declararam-se associados apenas à entidade e 18% a mais de uma.

> Em relação à filiação à CUT parece que a situação é totalmente diferente de alguns anos atrás, quando o professor, talvez por preconceito e não se identificando com a classe trabalhadora, rejeitava a filiação com argumentos do tipo – "somos professores e não metalúrgicos" – e [tem-se] agora um índice de aprovação de 68% contra apenas 25% de professores que discordam e 0,7% que concordam em parte. (Fassoni, 1991, p.228)

Essa aprovação a que a autora se refere deve ser atribuída tanto ao trabalho de inculcação desempenhado pela direção da entidade quanto à aceitação das demandas heterônomas das lideranças, além da consolidação, não sem conflitos, da identificação do professor com o trabalhador.

Para 50% dos entrevistados a militância na entidade apresenta-se como um valor, e, para os entrevistados militantes, ela adquire peso significativo na melhoria de suas relações tanto com os colegas de trabalho quanto com os alunos. Indagados sobre os papéis do diretor e supervisor de escola, os entrevistados criticaram o desempenho desses profissionais (autoritarismo, omissão) e mostraram-se inclinados a interpretar a ação ideal desses agentes como de coordenação e orientação das atividades pedagógicas, pelas quais, em conjunto com outras informações, faz pensar que o trabalho coletivo assume conotação de valor para o associado da Apeoesp. Embora a aprovação à CUT tenha sido expressiva no VII Congresso, a identificação do professor com os estereótipos mais flagrantes do trabalhador foi, ao longo de toda a década, como já se disse, objeto de disputas as mais acirradas, tanto no interior da Apeoesp quanto em todo o subcampo.

> A natureza da profissão do professor exige compreender que nossa luta é diferente da luta dos metalúrgicos e demais trabalhadores. Nós não atuamos na linha de produção, nós trabalhamos com a formação de pessoas através de um processo educacional ("Novos rumos para a Apeoesp", chapa 2, eleições da entidade, *AN*, n.138, ed. esp. 1987)

Quanto aos valores aparentemente mais pessoais, parece haver uma maior identificação com o altruísmo (solidariedade, trabalho cooperativo) e certa unanimidade no combate ao que seguramente eram interpretados como "valores capitalistas", o individualismo e a sede de lucro (enfim, o egoísmo e o interesse).

> São muitos os sapos que o povo brasileiro anda engolindo, mas este é grande demais. [...] No último dia 22/08/89, a EESG João Cursino, a mais tradicional

de São José, distribuiu um folheto do McDonald's com a história do seu mandachuva internacional, vendendo grosseiramente os velhos ideais do individualismo e da sede do lucro como valores nobres a serem seguidos. (Carta de professor, *AN*, n.159, set./out. 1989, p.2)

"As paixões do *habitus* dominado (do ponto de vista do gênero, da etnia, da cultura ou da linguagem), relação social somatizada, lei social convertida em lei incorporada, não são das que se podem sustar por um simples esforço da vontade, fundada sobre uma tomada de consciência libertadora. Se é inteiramente ilusório acreditar que a violência simbólica pode ser vencida apenas pelas armas da consciência e da vontade, é porque os efeitos e as condições de sua eficácia estão duradouramente inscritos no mais íntimo dos corpos sob a forma de disposições" (Bourdieu, 1998b, p.45). Paulo Freire, pedagogo da conscientização libertadora, quando Secretário de Educação do Município de São Paulo, recebe dirigentes da Apeoesp, em janeiro de 1989.

Foto: Regina Vilela (Arquivo da Apeoesp)

Um decálogo da Apeoesp

Por um efeito simples de simulação de propósitos, uma professora deu a publicar no *AN* uma carta com um decálogo que, simetricamente negado em todos os seus mandamentos, revela-se como o rol das virtudes e dos valores práticos (ou quase práticos, visto serem perceptíveis formulações semiteóricas extraídas da literatura educacional, como "educação dialógica") do professor militante da Apeoesp. O decálogo permite apreender tanto as disposições contestatórias de professores e professoras de origens médias, radicalizados pelo estresse reivindicatório dos anos 80, quanto um dos ingredientes da ambigüidade estrutural dos campos simbólicos, qual seja, a coexistência um tanto conflituosa entre princípios autônomos (no decálogo: os mandamentos relativos à prática pedagógica), inteiramente voltados à economia específica do campo (profissionalizantes), e princípios heterônomos (no decálogo, os relativos às "lutas mais gerais", politizantes).

É significativa a presença no decálogo de valores aparentemente mais pessoais, como o repúdio ao individualismo, considerado como restritor de ações democráticas na escola (oitavo mandamento). Naturalmente também observa-se a presença de valores mais vincadamente sindicais (participação, associação, união, organização), de interesses simultaneamente profissionais e políticos (atualização, recursos tecnológicos, reflexão crítica, ação transformadora da sociedade), além de uma concepção de classe social sumariamente redutora, sem dúvida bastante divulgada tanto pela literatura educacional quanto pela literatura de esquerda que proliferava na época (classe trabalhadora = mão-de-obra barata, baixos salários, proletarização). Se bem que não exatamente nos termos aqui utilizados, a ambigüidade estrutural entre princípios autônomos e heterônomos anteriormente aludida receberia da literatura pedagógica durante o período uma atenção razoável, embora, do ponto de vista do que se sabe atualmente, em geral sem resolver as questões em virtude do aprisionamento da perspectiva marxista, então muito em voga, nas dicotomias ruinosas que prejudicam a ciência social.

Os dez mandamentos do professor explorado e conformado

1) Não faça greve em hipótese nenhuma, mesmo que o seu salário seja uma miséria e injusto;

2) Não participe de entidades de classe nem fortaleça sua categoria, através de sua união e organização;

3) Considere desnecessária sua atualização, participação em simpósios ou congressos educacionais;

4) Acredite na neutralidade política da educação. Jamais discuta com seus colegas nem com seus alunos as injustiças sociais;

5) Jamais deixe seus alunos serem também protagonistas de seu processo educativo e desenvolverem uma reflexão crítica, porque isto poderá levá-los a uma ação transformadora de nossa sociedade;

6) Nunca motive seus alunos à pesquisa. Evite recursos tecnológicos, experiências estimulantes e criativas;

7) Procure transmitir pouca cultura, ser autoritário, maçante e evite uma educação dialógica preocupada com a formação integral do educando;

8) Incentive seu diretor, colegas e alunos a serem individualistas e a não conquistarem um espaço democrático dentro da escola;

9) Evite fazer reuniões, discutir e resolver em conjunto problemas existentes em sala de aula ou extraclasse;

10) Adote a ideologia da classe dominante, que pretende conservar o "status quo" e continuar enchendo seus bolsos às custas da exploração de sua mão-de-obra barata e da classe trabalhadora, da qual você e seus alunos fazem parte. (*AN*, n.152, out./nov. 1988, p.2)

A força do congresso

A fé na instituição é a fé nos ritos da instituição. A função dos ritos institucionais não se esgota nos aspectos mais visíveis abordados pela literatura – formação política do educador pelas entidades sindicais, por exemplo – mas preenche sobretudo a tarefa de reforçar a lealdade dos associados e de atualizar e reproduzir em escala ampliada os valores sagrados da instituição, signos, emblemas, sinais, bandeiras, móveis. Os ritos também sagram "em carne" as lideranças, tornadas visíveis nas mesas, nos debates, nas articulações, nos microfones. Observa-se que a moral ocupacional caracterizada pelo espírito de doação está presente no texto a seguir; o Congresso e suas mensagens dar-lhe-iam, contudo, novas feições políticas.

Ela chegou ao Congresso [...] e veio como observadora. Sua cidade é Tambaú, na região de Casabranca. Leciona numa escola isolada da Fazenda Brejão (quando chove faz jus ao nome). À noite dá aulas no curso supletivo da EEPSG Pe. Donizete Tavares de Lima, Tambaú. No dia da criança mandou fazer um bolo lindo, colorido, de chocolate, [...] comprou bexigas, guaraná e, mesmo com o rombo no seu já minguado salário, fez a festa completa para a sua molecada do sítio. Uma molecada de 1ª, 2ª e 3ª séries, tudo ao mesmo tempo na sala da igrejinha. Molecada cujo contato maior com o mundo "lá fora" é, algumas vezes, uma televisão branco e preto e, sempre, a professora. Sua "identificação" com seus alunos é tanta que já 'pegou' rubéola e cachumba, pois não se pode negar o carinho, o afeto, o beijo, o abraço de tanta carência existente. A partir de sua participação no Congresso sentiu-se forte para tentar a nucleação de professores de sua região para discutirem mais sistematicamente a situação do professorado e da entidade. (AN, n.104, nov./dez. 1983, p.4)

Greve de professores: passeata na Avenida Paulista, maio de 1989.

Foto: Regina Vilela (Arquivo da Apeoesp)

CPP: necrológios e organização do espaço axiológico

A leitura dos necrológios de professores e professoras publicados pelo *JP* durante os anos de 1980 a 1990 permite apreender as taxionomias sociais incorporadas pelos agentes do magistério, isto é, as formas de classificação e os critérios de visão e divisão do mundo que funcionam como balizas a partir das quais é possível dizer o que é bom e ruim, o aceitável e o inaceitável, o certo e o errado, etc. Nos necrológios elas surgem como signos que revelam a qualidade e o valor de uma pessoa, bem como os mecanismos utilizados para a fixação dos padrões morais do campo encarnados nas figuras desaparecidas. Dito de outro modo, os necrológios permitem apreender os esquemas de percepção e apreciação que os agentes do magistério acionam para perceber e valorizar a si mesmos e aos outros, esquemas que são "o produto da incorporação das classificações, desse modo naturalizadas, das quais seu ser social é o resultado" (Bourdieu, 1997b, p.204).

Poderosos instrumentos de consagração, e também de conforto para os vivos, os necrológios funcionam igualmente como aviso e guia, espelho para os que ficam, sobretudo para as novas gerações. Constituindo um expediente bastante eficaz de imposição dos interesses mais "desinteressados" ("amor à causa educativa", "alto espírito público", "discretamente, sem alarde", "verdadeiro sacerdócio", "dedicação", "idealismo"), os necrológios são, portanto, juntamente com os discursos de paraninfos, das avaliações em bancas de concurso para provimento de cargos no campo educacional, das biografias dos educadores ilustres, das fichas de avaliação escolar, etc., lugares privilegiados para a análise das estratégias de sagração e consagração por meio das quais são fixados e difundidos os valores e os modelos partilhados pelo professor comum.

Segundo parece, o estudo de necrológios é muito pouco usual no campo da análise educacional. Estudando a representação do professor rio-grandense na *Revista de Ensino*, durante os anos de 1939 a 1942, Maria Helena Bastos observa que a *Revista* fez uso do elogio aos mortos na construção das qualidades pessoais e dos predicados de espírito do professor:

> nesta recordação [escreve o editorialista da *Revista* a respeito dos necrológios], encontraremos o estímulo para as horas de desânimo, a resignação para os momentos de mágoa, a coragem e o valor para realizar os bons empreendimentos, o amor para espargir o bem. (1994, p.137)

Embora sem o propósito de estabelecer objetivos por procuração para o trabalho dos redatores do *JP*, tudo indica que não é outro o sentido dos necrológios publicados pelo jornal durante o período.

Os objetos

A análise cobriu todos os 78 necrológios de 83 números do *JP*, isto é, do n.166, de fevereiro de 1980 ao n.249, de novembro de 1990. Desse total, 62 são necrológios de homens e 16, de mulheres. Apenas três necrológios tinham autoria definida: os dos professores Renato Sêneca Fleury (*JP*, n.167, 1980, p.4), Pedro Mazza (*JP*, n.219, 1986, p. 2) e Mário Gualberto Camargo (*JP*, n.236, 1989, p.7), assinados, respectivamente, por Antônio d'Ávila, Angelina R. B. Pieruzzi e Dirceu Ferreira da Silva. Ocasionalmente os necrológios eram publicados na coluna "Atividades no interior – nossas sedes regionais", o que leva a supor que foram redigidos nas sedes do interior e enviados ao *JP*, na capital. A autoria dos demais necrológios provavelmente deve ser atribuída aos assistentes de redação do jornal.

No *JP* não havia lugar definido para encaixar os necrológios: podiam aparecer já na segunda página, mas raramente na primeira, e até na última. Distinguindo-se das notas de falecimento, simples registros de óbito que provavelmente seguiam o hábito da imprensa comum no qual os familiares do falecido enviam nota ao jornal, que a publica, os necrológios obedeciam a uma fórmula muito simples: foto do falecido, chamada destacada em negrito – "Faleceu o/a professor/a fulano/a" – dados biográficos sumários, ou seja, local e data de nascimento, filiação, no início, e nomes de enlutados, ao final, geralmente esposa/o e filhos, descrição da carreira, que podia ser mais ou menos extensa, e juízo, ou seja, avaliação na forma de encômios que davam idéia da dimensão da perda para o magistério.

Essa fórmula, quase sempre a mesma, já permite apreender o seguinte: além de um esquema de neutralização da morte (da mesma forma como a etiqueta neutraliza a violência) a reiteração da fórmula sugere um processo quase didático de fixação de valores. Além de uma racionalização da morte, aceitação do inelutável, os necrológios constituem aulas de "como ser", dos modos de "agir reto e correto", uma explanação singela do que valorizar e do que incorporar, do que, enfim, interessa para os membros do magistério, segundo o *JP*. Parece que isso configura um elemento das estratégias empregadas nos jogos simbólicos praticados pelo magistério oficial naquele período, cuja característica, como já observado, é a fixação de valores morais.

Os necrológios, acionados pela inevitável carga emotiva que os acompanha, emotividade essa, por sua vez, como já se disse, controlada pelas formas protocolares de elogio aos mortos, expressam a representação que o professor faz de si mesmo e de sua profissão. Ou seja, por meio de formas eufemizadas, complacências rituais e avaliações morais inteiramente voltadas à consagração dos agentes, transfigurações de vidas, em geral comuns, em vultos de uma densidade quase impalpável, hagiografia cuja eficácia simbólica repousa na "cegueira fetichista" produzida por todos os expedientes de idealização das vidas ("de sentimentos cristãos e acendrado civismo", "desempenho exemplar de suas funções docentes", "maneira perseverante e sempre construtiva"), hagiografia essa, por sua vez, comandada diretamente pelo capital simbólico acumulado pelo agente, ou seja, pelo maior ou menor patrimônio educacional (e também político) deixado pelo morto, os necrológios explicitam e disseminam os critérios da excelência moral, social e profissional dos membros do magistério oficial paulista.

Formas de classificação do magistério

Não é possível deixar escapar a alquimia simbólica que faz com que professores apliquem a si mesmos – no caso, a colegas desaparecidos – os mesmos esquemas de classificação que aplicam a seus alunos, por meio dos quais, ao fazerem uso das taxionomias escolares que sancionam os resultados escolares, eufemizam e ocultam as relações entre os julgamentos impostos e as origens sociais dos submetidos à violência dos julgamentos. Desse modo, aos alunos de origens desfavorecidas em geral são reservados julgamentos tais como esforçado e persistente, para o caso de apreciações favoráveis, ou simplesmente anátemas, em caso de julgamentos negativos. Aos alunos acantonados nas melhores posições sociais são reservadas avaliações em geral laudatórias (cf. Bourdieu, 1989b, p.51-7).

Homologamente, nos necrológios os graus de consagração correspondem às trajetórias e posições ocupadas pelos agentes no magistério, ou seja, aos postos mais ou menos elevados no interior das hierarquias profissionais, que também correspondem a uma maior ou menor ambição profissional, a uma maior ou menor resignação, tudo mediado pela origem social, quer dizer, pela trajetória da família do morto e pelo acúmulo de capital prévio, cultural e de relações sociais, dos agentes. Por essa lógica, uma carreira profissional discreta é identificada a encômios formalmente neutros, que geralmente remetem às características privadas do morto (bom, amigo, amável); carreiras discretas são também qualificadas a partir de expressões e encômios que denotam esforço, tais como "cumpridor exemplar dos seus deveres", "perseverante" e "operoso", condição decerto indispensável para a superação das inúmeras limitações a que estão sujeitos os agentes de origens sociais desfavorecidas, mas que expõem os signos de reconhecimento por meio dos quais é revelada a baixa rentabilidade material e simbólica das posições ocupadas.

Às melhores carreiras são reservadas expressões tais como "alto espírito público", "capacidade incontestável", entre outras, que sugerem o poder de mando, a liderança e as competências sobretudo políticas dos finados. Os termos que revelam mais claramente interesse no "desinteresse" (civismo, idealismo, sacerdócio, sentimentos cristãos, espírito público) estão de certo modo espalhados por todas as carreiras, sugerindo uma espécie de valor supremo partilhado igualmente por todos, uma moeda comum, uma marca do campo que a todos identifica, um preço que todos devem pagar independentemente do sucesso ou do insucesso, dos postos acumulados ou dos prêmios recebidos. A rigorosa parcimônia, para não dizer a quase ausência, de encômios reservados às mulheres, ao lado de trajetórias femininas em geral medíocres, provavelmente obstadas por relações de poder assimétricas entre os gêneros (exceção notável de Carolina Ribeiro que, embora tendo chegado a Secretária de Estado, não recebeu no seu necrológio homenagens na forma de encômios de distinção), confirma que, pelo menos no período analisado, o magistério constituía trabalho para as mulheres e carreira para os homens.

Magistério – Carreira feminina

Segundo um estudo que se tornou famoso (Demartini & Antunes, 1993), o magistério primário foi historicamente constituído como "profissão feminina e carreira masculina". As razões apontadas para essa classificação são várias, entre as quais o fato de os professores ganharem mais que as professoras e de regra geral realizarem ascensão rápida na carreira, por oposição à lenta ascensão das mulheres. Além disso, o magistério adquiriu essa característica de profissão feminina dado o enorme contingente de mulheres, visto que os homens procuravam, na qualidade de chefes de família, profissões economicamente mais rentáveis.

O presente estudo considera que tanto o escalonamento salarial entre homens e mulheres, com vantagem para os primeiros, quanto a baixa atração econômica da profissão, assim como a ascensão rápida dos homens e a lenta das mulheres, ao lado do expressivo contingente de mulheres na carreira, conquanto necessários, não são suficientes para caracterizar o magistério como "profissão feminina e carreira masculina". A perspectiva aqui adotada caracteriza o magistério como carreira encarregada do trabalho de eufemização da dominação, logo, carreira feminina, em oposição às carreiras masculinas destinadas à valorização das atividades dominantes de produção econômica e material (cf. Miceli, 1977; 1979).

Desde a sua diferenciação e autonomização no começo do século o magistério ocupa, na qualidade de carreira feminina, o pólo dominado das carreiras dominantes. Esse fato condiciona o *habitus* e a *hexis* corporal dos membros do magistério, sobretudo das mulheres. Não parece ser contraditório afirmar que o magistério, carreira feminina, aparece nos necrológios como carreira "para homens" e trabalho, ofício, ocupação, ou, se se quiser, profissão "para mulheres".

Necrológios exemplares

A seguir são reproduzidos alguns necrológios resumidos, agrupados segundo as posições ocupadas pelos falecidos no magistério (e às vezes fora dele). Cada resumo consta: localização do necrológio, ou seja, número e data do *JP*, a carreira do falecido, isto é, os postos ocupados e os locais de atuação, e as expressões e os encômios empregados para homenageá-lo e principalmente qualificá-lo.

Talvez seja o caso de reiterar que as clivagens profissionais e as hierarquias de competência, traduzidas nos necrológios por meio da descrição das trajetórias desenvolvidas e das posições conquistadas no campo, quer dizer, por meio do capital simbólico acumulado pelo falecido, comandam diretamente a avaliação *post-mortem* que dele se faz e, por conseguinte, orientam a lógica da distribuição, nos necrológios, das qualidades pessoais e dos predicados de espírito atribuídos aos agentes.

Quadro 4 – Necrológicos exemplares: melhores carreiras no magistério

Nome: Renato Sêneca Fleury
Carreira: Pertenceu à Academia Brasileira de Literatura Infantil e Juvenil, e à Academia Paulista de Educação; vencedor do Prêmio Jabuti e da Placa de Prata, ambos da Câmara Brasileira do Livro; membro do Instituto de Ciências e Letras de São Paulo e da Associação Brasileira de Museologia; autor de livros didáticos; diretor de vários grupos escolares de cidades do interior; formado na Escola Normal da Praça da República.

cont.

cont.

Qualificações: - ilustre - grande - lembrança imorredoura - dotado de excelentes predicados - ardoroso paladino da velha escola normal - empolgante
Publicação: *JP*, n.167, mar. 1980, p.4.
Nome: Licínio Carpinelli
Carreira: Professor; delegado; inspetor escolar e diretor de escola no interior e na capital; diretor de uma delegacia de ensino; assistente do Diretor Geral da Educação do Estado; assistente da Secretaria de Educação da prefeitura de São Paulo; Diretor do Material da Secretaria da Educação do Estado; presidente do CPP (1948-49).
Qualificações: - 50 anos prestados à causa pública - idealismo - alto espírito público - capacidade inconteste - beletrista de apurado gosto - requintada forma
Publicação: *JP*, n.181, set. 1981, p.8.
Nome: Oguiomar Ruggeri
Carreira: Professor; diretor de escola; inspetor escolar; delegado de ensino; assistente geral e oficial de gabinete do diretor geral do Departamento de Educação; cidadão honorário de Osasco e Cajamar; laureado com as medalhas "Couto de Magalhães", "José Bonifácio" e "Anchieta", membro do Conselho Superior do CPP.

cont.

Qualificações:
- entusiasta
- idealista
- símbolo das virtudes da classe
- veemente
- devotado
- líder infatigável

Publicação: *JP*, n.202, set. 1984, p.1.

Nome: Arnaldo Laurindo

Carreira:
Diretor geral do antigo Departamento do Ensino Profissional; secretário de Estado da Educação; membro do Conselho Estadual de Educação, presidente do CPP; deputado estadual.

Qualificações:
- um dos mais significativos valores do magistério
- líder altamente respeitado

Publicação: *JP*, n.185, abr. 1982, p.7.

Nome: Clóvis de Luca

Carreira:
Professor; diretor de escola; supervisor pedagógico; assistente técnico da DRE-litoral e da Coordenadoria de Ensino da Grande São Paulo; diretor do Departamento de Recursos Humanos da Secretaria de Relações do Trabalho; vereador; maçom; acadêmico de direito; assistente técnico da Escola Técnica Industrial Lauro Gomes; falecido precocemente aos 44 anos.

Qualificações:
- ativo e valoroso
- ocupou brilhantemente os vários cargos que ocupou

cont.

Publicação: *JP*, n.172, set. 1980, p.5.
Nome: Carolina Ribeiro
Carreira: Professora primária e diretora de escola no interior e capital; primeira secretária de Estado do Brasil (governo Jânio Quadros).
Qualificações: - sem encômios
Publicação: *JP*, n.185, abr. 1982, p.7.

Quadro 5 – Necrológicos exemplares: carreiras discretas

Nome: Luthero Lopes da Silva
Carreira: Delegado de ensino; diretor de escola e inspetor em várias cidades do interior e da capital; membro do Conselho Superior do CPP.
Qualificações: - profundamente honesto - bom - humano - de sentimentos cristãos - acendrado civismo
Publicação: *JP*, n.171, ago. 1980, p.7.

cont.

Nome: Zilda Gomes dos Reis de Almeida
Carreira: Lecionou no ensino público durante 32 anos em grupo escolar no Belém, na capital.
Qualificações: - Irmã do ex-presidente do CPP - professora emérita - vocacionada para o magistério
Publicação: *JP*, n.174, nov. 1980, p.4.
Nome: Adauto de Oliveira Serra
Carreira: Professor; supervisor e diretor de escolas do interior (Campinas, Promissão, Buritama, Ilha de S. Sebastião, Valparaíso).
Qualificações: - simples - amável - sincero - culto - dinâmico - bondoso e cumpridor exemplar dos seus deveres
Publicação: *JP*, n.175, fev. 1981, p.5.
Nome: Wilson Monteiro Bonato
Carreira: Delegado de ensino da região escolar de Bauru; membro do Conselho Superior do CPP.

cont.

Qualificações: - benquisto - atuante
Publicação: *JP*, n.176, mar. 1981, p.5.

Nome: Sebastião Ramos Nogueira
Carreira: Membro do Conselho Superior do CPP; professor e diretor de escolas no interior (Balbinos, Valparaiso, Ribeirão do Vale).
Qualificações: - personalidade suave e tranqüila - mestre operoso - administrador capaz
Publicação: *JP*, n.177, abr. 1981, p.8.

Nome: Theodomiro Monteiro do Amaral
Carreira: Professor e diretor de escola, no interior e na capital; delegado regional de ensino, membro das Congregações Marianas, cidadão honorário de Fernandópolis e Cosmorama, vereador na capital.
Qualificações: - 50 anos de magistério - 50 anos de sentimentos cristãos - acendrado civismo
Publicação: *JP*, n.80, ago. 1981, p.3.

cont.

Nome: Suze Feliciano Machado
Carreira: Professora em várias cidades do interior (Lucrécia, Iacri, Nhandeara e Tupã); conselheira da sede regional do CPP em Tupã.
Qualificações: - estimada
Publicação: *JP*, n.181, set. 1981, p.2.
Nome: Carlos Cattoni
Carreira: Professor autor de livros didáticos.
Qualificações: - capaz - linguagem elevada - emérito educador - amigo
Publicação: *JP*, n.181, set. 1981, p.6.
Nome: José Maria Triviño
Carreira: Professor primário; diretor de escola e supervisor de ensino; integrante dos órgãos dirigentes do CPP; secretário de Delegacia de Ensino.
Qualificações: - atuação marcante - eficiente - devotado
Publicação: *JP*, n.185, abr. 1982, p.4.

Nome: Alayde D. Couto
Carreira: Professora e diretora de escola, no interior e na capital.
Qualificações: - idealismo - bondade - amor ao trabalho
Publicação: *JP*, n.211, set. 1985, p.4.
Nome: Zulmira Ortiz Tondella
Carreira: Professora e dirigente do CPP.
Qualificações: - alma de escol - elegante - afável - cordial - personalidade marcante
Publicação: *JP*, n.248, set./out. 1990, p.2.

Virtudes missionárias e desinteresse

Não é incomum que os necrológios de agentes que percorreram trajetórias discretas revelem – mais nitidamente que os dos demais – virtudes missionárias e disposições para o trabalho comunitário. Visto que grande parte desses agentes exerceu a profissão em pequenas cidades do interior do estado, a atuação religiosa e comunitária provavelmente aparece como um mecanismo extra de rentabilizar, pela ampliação do capital de relações sociais, tanto a profissão quanto a posição ocupada no magistério. Nesses casos aparecem expressões como "de princípios religiosos profundos e autênticos", "de sentimentos cristãos e acendrado civismo", "atividade altamente profícua", "decisiva e desinteressada colaboração", "cidadão prestante". No necrológio de Elpídio Mina, professor que atuou em Ipeúna, Paraíso e Rio Claro, o falecido é descrito a partir dessa perspectiva: "Vicentino atuante, dedicado às obras sociais. Participante de cursos de noivos em paróquia da comunidade local, foi o professor Elpídio um exemplo de mestre, de educador, de colega e de amigo" (*JP*, n.194, ago. 1983, p.2).

Esse elemento de valoração da prestação de serviços religiosos e do envolvimento com a comunidade também aparece no necrológio de outro agente que percorreu carreira discreta:

> Simultaneamente com o desempenho exemplar de suas funções docentes [...] dedicou-se à música, participando ativamente da vida social de Olímpia [...] fazia parte do conjunto "Reumáticos ao luar", tocando em festas de casamento, shows, serenatas. (necrológio de Nelson Tremura, *JP*, n.194, ago. 1983, p.2)

As atividades comunitárias de um outro agente que também percorreu carreira modesta, realçadas como "fecundas", são descritas a seguir, complementadas pela observação quanto à colaboração na imprensa, valor muito comum nos necrológios, recurso geralmente utilizado para designar participação atuante:

> Além de suas atividades profissionais e dos serviços prestados à associação de classe, deu ainda sua colaboração a várias atividades cívicas e sociais, como fundador de clube de serviços, membro do júri, colaboração em jornais e diversas atividades comunitárias. (necrológio de Jacob Andrade Câmara, *JP*, n.231, ago. 1988, p.2)

Quase os mesmos ingredientes fazem-se presentes no necrológio desse outro agente que, embora tendo percorrido carreira discreta no magistério, chegou a diversas assessorias na Assembléia Legislativa, na Secretaria de Educação do Estado e na prefeitura de São Caetano do Sul: "Com grande atuação em sua área e também na comunidade em inúmeras comissões organizadoras de eventos de elevado alcance social, foi cidadão prestante" (necrológio de Milton Feijão, *JP*, n.219, set./out. 1986, p.2).

Os dois excertos de necrológios a seguir, de agentes que foram professor e diretor de escola em cidades do interior do estado, além de dirigente do CPP, o primeiro, e dirigente do CPP, professor primário, diretor de escola, supervisor escolar e delegado de ensino no interior e na capital, o segundo, revelam que também era valor no magistério pertencer, além das instituições beneficentes e das congregações religiosas, a entidades como Rotary, Lions e Maçonaria:

> Teve intensa atuação nos meios comunitários de Campinas, colocando sua capacidade e cultura a serviço do povo da cidade nos mais diversos aspectos beneficentes e sociais. Pertenceu a várias sociedades beneficentes, ao Lions Clube e, principalmente, à Maçonaria, onde alcançou os mais elevados graus e honrarias. (necrológio de Paulo José Octaviano, *JP*, n.236, mar. 1989, p.3)

> Rotariano, pertenceu ao núcleo da Zona Norte de São Paulo, foi sempre cidadão prestante, dando à comunidade o melhor de seus esforços. (necrológio de Fausto Padovani, *JP*, n.238, jun./jul. 1989, p.2)

O necrológio de Oswaldo Salles, professor radicado em Santa Cruz do Rio Pardo, escrito por colegas seus e publicado na seção "Os professores escrevem", é particularmente interessante por trazer à luz, no detalhe, o modelo de professor considerado de bons predicados. Observa-se a descrição do falecido como indivíduo resignado e jovial, que constitui valor no magistério sobretudo para os agentes estruturalmente não autorizados a ter ambições, pela trajetória seguida e posição ocupada, e também é perceptível o reconhecimento e a adesão a práticas culturais cuja relação e nomeação são tanto mais justificáveis quanto mais canônicas (isto é, escolares) são usualmente consideradas:

> Anos e anos a fio, habituamo-nos a vê-lo e a ouvi-lo, enfim, a conhecer melhor o seu grande coração, sem maldade e sem ambições. [...] Sempre alegre e disposto, dedicado aos amigos, à boa leitura, ao teatro, à música, à poesia e a escrever [...] bom colega, bom amigo, bom esposo e pai de família e, acima de tudo, profundamente cristão e humano. (*JP*, n.203, out. 1984, p.7)

Muito presente nos necrológios, os termos que sugerem o interesse no "desinteresse", tais como idealismo e sacerdócio, aparecem periodicamente associados, especialmente nas carreiras menores, à grandiosidade da missão docente (carisma) e ao "santuário" que, como tal, é considerada a escola. Assim, o excerto do necrológio a seguir é exemplar nessa modalidade de consagração:

> Dedicou sua vida ao ideal sublime de educar crianças [...] homenagem a um homem idealista que doou sua vida a uma profissão grandiosa - Professor. [...] Pedro Mazza, hoje perto do Pai, ajude-nos na difícil e grandiosa missão de educar. (*JP*, n.219, set./out. 1986, p.2).

Outra carreira, esta de um agente que galgou postos elevados no magistério e acumulou honrarias, também é descrita sob a mesma clave do idealismo-sacerdócio:

> Idealista ao extremo e dotado daquelas qualidades morais, cívicas e intelectuais que ornamentam a personalidade do autêntico educador [...] Era aquela sua condição de idealista que lembramos a pouco, a grande responsável pelos sentimentos que expressava [...] Um longo apostolado educacional coroou a vida de Antônio d'Ávila.(*JP*, n.241, out./nov. 1989, p.8)

O idealismo como marca e valor do magistério também aparece no necrológio do professor Luiz Gonzaga de Carvalho Castro, modesto professor no interior e na capital e dirigente do CPP: "Educador íntegro, pautou sua carreira pelo idealismo, firmeza de atitudes e exato cumprimento dos seus deveres" (*JP*, n.243, mar. 1990, p.4).

É proveitoso citar trechos de uma espécie de carta-testamento, escrita pelo professor José Maria Frontera, de São José do Rio Pardo, que viria a falecer pouco tempo depois do envio do texto aos seus filhos. A carta foi publicada no *JP* sob o título "Aos filhos que ficaram". Produto das tensões e angústias de quem se vê às vésperas da morte, vítima de mal incurável, o texto é interessante por trazer à luz valores e disposições do magistério paulista na época. Muito possivelmente agente de carreira humilde, o autor utiliza-se de metáforas da jardinagem para referir-se ao trabalho docente, metáforas decerto destinadas a enobrecer a profissão, mas que, afinal, revelam disposições humildes e demissionárias, além de exortar os filhos à resignação, à fé, ao modelo cristão de virtude e à força necessária para superar as numerosas dificuldades e coações estruturais decorrentes das posições ocupadas por ele e sua família, disposições que constituem trunfo negativo dos que, como os agentes do magistério, partilham os espaços sociais dominados, quer em relação ao campo do poder, quer em relação à produção simbólica.

> Eu sempre gostei de pegar sementes, semeá-las, cuidar, sem ter um pedaço de terra para colocar plantinhas

que vão ser grandes árvores. [...] Por isso, vivia semeando. Alguém vai desfrutar, não importa quem. Isso é para esclarecer que devemos fazer o bem sem olhar a quem. [...] Usem dessa grande verdade cristã: só façam o bem. Em casa, na família, com os amigos, com quem vocês vão conviver neste mundo e até mesmo com os inimigos. [...] Meus filhos, não vou lhes deixar fortuna, mas o pouco que deixar servirá para o começo de suas vidas. [...] Tenham alegria de viver. Não se deixem abater. [...] A vida está cheia de exemplos de homens maravilhosos que lutaram com muita garra – essa garra que até mesmo está camuflada no amor. [...] Exemplos há de sobra na história da humanidade. Peguem um e sigam. [...] Juntem as bagagens que já possuem: cultural, moral, religiosa e vão em frente por este mundo que é expressão divina. (*JP*, n.234, dez. 1988, p.7)

As metáforas da jardinagem são um recurso ambíguo destinado a enobrecer a profissão, mas que termina por trair disposições humildes e demissionárias. Segundo Sheffler (1974),

há uma analogia evidente entre a criança que cresce e a planta que cresce, entre o jardineiro e o professor. Em ambos os casos, o organismo em desenvolvimento passa por certas fases que são relativamente independentes dos esforços do jardineiro ou do professor. Nos dois casos, todavia, o desenvolvimento pode ser auxiliado ou prejudicado por esses esforços. [...] Em nenhum dos dois casos o jardineiro ou o professor é indispensável para o desenvolvimento do organismo e, depois de terminada a sua tarefa, o organismo continuará a amadurecer. [...] Considerar a história como se fosse uma planta, cujo desenvolvimento através de certos estágios naturais pode ser apenas facilitado ou retardado pelos indivíduos, constitui um meio de evitar a responsabilidade de influir sobre os acontecimentos sociais através da escolha e da ação. (Scheffler, 1974, p.61-2)

Prescrição de práticas modelares

Entretanto os necrológios, além de cumprirem a função de fixar os vultos, logo, os valores e os modelos, também desempenhavam, como já observado, a função de guia, espelho, instrumentos de prescrição indireta, não na forma imediata de "o que fazer", mas sim pela sugestão sutil, branda, quase imperceptível. A seguir reproduzem-se alguns excertos de necrológios nos quais podem ser observados os expedientes de prescrição das práticas tidas como modelares.

[...] impôs-se sempre pelo modo de agir reto e correto [...] de sentimentos cristãos e acendrado civismo, imprimiu em toda sua vida nítida compreensão e amor à causa educativa. (necrológio de Luthero Lopes da Silva, JP, n.171, ago. 1980, p.7)

[...] deixando na memória de todos que tiveram a ventura de conhecê-lo um retrato indelével de sua atuação consciente em prol da administração do ensino. (necrológio de Adauto de Oliveira Serra, *JP*, n. 175, fev. 1981, p. 5)

[...] de sentimentos cristãos e de acendrado civismo, o prof. Theodomiro imprimiu em toda a sua vida nítida compreensão de amor à causa educativa, às obras sociais e a todos os acontecimentos cívicos, nas comunidades onde atuou. (necrológio de Theodomiro Monteiro do Amaral, *JP*, n.180, ago. 1981, p.3)

> [...] hoje, quando muitos de seus ex-alunos encontram-se em altos postos da administração pública e privada é com saudade que relembram as aulas do mestre, ministradas em linguagem elevada, onde todos absorviam, além da matéria em si, muitos outros conceitos e observações de grande relevância. (necrológio de Carlos Cattoni, *JP*, n.181, set. 1981, p.6)

> [...] o professor Júlio de Oliveira deixou marcada sua participação no ensino de São Paulo, principalmente pelo exemplo de sua vida e de seu trabalho. Discretamente, sem alarde, mas de maneira perseverante e sempre construtiva, cumpriu sua missão de educador, respeitado e estimado por quantos com ele trabalharam ou conviveram. (necrológio, *JP*, n.187, jul./ago. 1982, p.3)

> [...] com a morte de Mário Chorilli, os círculos do professorado perderam um elemento de proa, uma vez que ele, desde que abraçou a carreira do magistério, passou a encará-la como um verdadeiro sacerdócio, fazendo o possível e quase o impossível para atender as necessidades que constantemente o estavam a exigir, por parte do setor educacional. (necrológio, *JP*, n.193, jun. 1983, p.5)

A organização do espaço axiológico

A partir das carreiras dos agentes, e abstraindo-as, é possível estabelecer um quadro dos valores dominantes, expressos por meio dos encômios reservados às melhores carreiras, e dos valores dominados, incorporados nos encômios utilizados para qualificar as carreiras dos agentes que ocuparam postos discretos no magistério.

Percebe-se, portanto, que as taxionomias de valores expostas nos necrológios estão assentadas na oposição que se estabelece entre o conjunto das qualificações que denotam "distância respeitosa" (grande, líder, capacidade inconteste – pólo dominante no interior do universo dominado do magistério), reservado aos agentes que percorreram as trajetórias mais legítimas e consagradoras e ocuparam os postos mais elevados, e o conjunto das qualificações que expressam "familiaridade" (bom, amável, amigo – pólo dominado no interior do universo dominado do magistério), reservado aos agentes cujas trajetórias os conduziram a postos mais humildes e modestos.

Quadro 6 – Dualidade de valores

Valores dominantes/ Pólo Masculino	Valores dominados/ Pólo Feminino
- ilustre - grande - elevado espírito público - capacidade inconteste - veemente - devotado - entusiasta	- bondoso - simples - amável - tranqüilo - operoso - cumpridor dos deveres - vocacionado

Distância respeitosa e familiaridade

A oposição entre a distância respeitosa e a familiaridade nas relações *interpares* dos mestres guarda homologia com a oposição entre a distância respeitosa e a familiaridade nas relações entre docentes e discentes nas situações escolares. Embora não seja este o local adequado para desenvolver o argumento, é possível mostrar que o exercício da prática pedagógica está condenado à ambigüidade entre as relações afetivas e familiares entre docentes e discentes e a imposição mais arbitrária da violência simbólica que caracteriza a transmissão escolar. A *longinquo reverentia*, isto é, a distância respeitosa e o respeito pela distância no uso da linguagem em relações escolares é analisada em Bourdieu & Passeron (1994). Além disso, a distância respeitosa e a familiaridade, formas que os grupos sociais mantêm de conhecimento e reconhecimento da cultura legítima, são analisadas em Bourdieu & Saint-Martin (1983, p.94).

Este estudo utiliza as noções de distância respeitosa e familiaridade de forma inversa em relação ao modo utilizado nesse texto de Bourdieu e Saint-Martin. Enquanto lá a familiaridade é a forma de relacionamento com a cultura dos agentes culturalmente mais bem aquinhoados (dominantes, inteiramente à vontade no trato com os produtos culturais mais legítimos) e a distância respeitosa é a modalidade de relacionamento com a cultura dos agentes mais desapossados (dominados, respeitosa e temerosamente a distância no relacionamento com produtos culturais para cuja apreensão não possuem as disposições adequadas), aqui a familiaridade, como já se disse, compõe os traços distintivos por meio dos quais são qualificados (e classificados) os agentes ocupantes dos postos mais humildes do magistério (dominados) e a distância respeitosa denota o conjunto dos atributos reservados aos agentes do campo educacional que galgaram os postos mais elevados da carreira (dominantes).

Todas as avaliações nos necrológios orientam-se a partir desse eixo básico de oposições que muito possivelmente é, em última análise, a transfiguração para a esfera axiológica das dicotomias que se estabelecem entre as carreiras masculinas e femininas, socialmente destinadas as primeiras, como já se disse, ao "trabalho de valorizar os produtos das atividades econômicas dominantes" e relegadas as segundas ao "trabalho de eufemização da dominação" (Miceli, 1977, p.65). São dicotomias tanto mais dramáticas no magistério quanto mais se considera a posição global do campo educacional no espaço de todas as posições sociais, quer dizer, quanto mais se considera a "feminização social" do magistério, verdadeira mágica que transpõe para a escola todos os signos de distinção associados à gestão feminina do capital doméstico e cujo resultado, por força tanto da alquimia das trocas entre os gêneros quanto das estratégias sociais de distinção entre grupos colocados em diferentes espaços sociais, isto é, em pontos diferentes da topografia social, é a desvalorização e desqualificação da profissão. Tornam-se assim mais intensas (e, simultaneamente, mais sutis) no interior do próprio campo as lutas empreendidas pelos agentes, sobretudo masculinos, na tentativa de se demarcarem de todos os atributos simbólicos e econômicos que caracterizam a "contaminação" feminina do magistério.

Magistério e capital doméstico

Capital doméstico é capital simbólico das famílias. São as mulheres as encarregadas de gerir esse tipo de capital:

> São elas que asseguram a gestão da vida ritual e cerimonial da família, organizando as recepções e festas, as cerimônias (de primeira comunhão ao casamento, passando pelos aniversários e convites aos amigos), destinadas a assegurar a manutenção das relações sociais e da influência da família. (Bourdieu, 1995, p.172)

A tarefa de gestão do capital doméstico incorpora-se nas mulheres na forma de *habitus* e *hexis* corporal (graça, beleza, simpatia, amabilidade, elegância, e também docilidade, submissão e conformismo). A partir disso, verifica-se que não é de modo algum casual que encômios associados a essa modalidade de conformação do corpo tenham sido usados nos necrológios para qualificar os agentes (homens e mulheres) que ocuparam postos discretos no magistério.

Embora não tenha sido observado nos necrológios, constata-se que os próprios agentes femininos empreendem estratégias de demarcação em relação à "contaminação" feminina do magistério, quando – elas – referem-se à sua própria prática profissional na qualidade de "professor", além de todas as hesitações, ambigüidades e inconsistências de gênero detectáveis no discurso (cf. Bruschini & Amado, 1988, p.8). A gestão feminina do capital doméstico parece ser um ingrediente dos projetos vocacionais das moças normalistas. Poder-se-ia imaginar que há uma correspondência entre moças que incorporam valores tradicionais, transicionais (intermediários) e modernos, por um lado, e, por outro, opções de trabalho que as encaminhariam para a vida exclusiva do lar, para o magistério e para outras profissões. Mas a pesquisa de Aparecida Joly Gouveia mostrou que, entre as normalistas dos anos 60 que ocupavam posições mais baixas no espaço das posições sociais, a vocação para o magistério dava-se entre aquelas que apresentavam perfil mais tradicional, potencialmente interessadas na "vida do lar" (Gouveia, 1970, p.125). Tudo sugere, pelos necrológios analisados neste estudo, que a orientação doméstica ainda permanece, nos anos 80, forte na vocação para o magistério entre as professoras ocupantes dos postos mais humildes da carreira.

> Por sua proverbial cortesia e lealdade para com os colegas, José Rodrigues de Toledo – o Toledinho, na linguagem afetiva dos colegas – foi um professor sempre estimado e conservou um largo círculo de amizade que o acompanhou durante toda a vida. (necrológio de professor, *JP*, n.272, fev. 1988, p.3)

A familiaridade, nesse momento entendida não apenas no sentido de imersão inconsciente e sem distância num determinado mundo (*doxa*), mas principalmente como modalidade de apreensão das relações sociais sob a forma de trocas afetivas, é a forma possível de manifestação da *libido* profissional para os agentes mais humildes do magistério, sobretudo para as mulheres. Enclausurados num espaço social que os relegou a serem percebidos pelos outros como dignos, nobres, sérios, devotados e idealistas, porém pequenos, formas decerto eufemizadas de desqualificá-los, os membros do magistério que ocupavam os postos mais baixos da carreira foram condicionados por todas as transações semi-inconscientes da família, pela ação pedagógica da escola, pelos enunciados performativos do campo educacional e pelos poderes externos a estimarem-se e a reconhecerem-se na forma convertida de relações carregadas de afetividade, via transversa mais provável de investimento profissional para esses agentes do magistério e única forma que lhes restou de capital simbólico, pequeno pecúlio sistematicamente ameaçado, tão ameaçado quanto as "vantagens e regalias" da corporação.

Uma espécie de infantilismo, sem dúvida, cujo segredo pode ser descortinado na tríplice dominação a que estavam submetidos os agentes mais dominados do magistério: na posição do magistério relativa ao campo do poder, condenada que está a profissão ao trabalho de eufemização da dominação, na posição ocupada pelo agente no interior do próprio magistério e na submissão do feminino nas relações de gênero, forma quase paradigmática de violência simbólica, simultaneamente espontânea e coagida, "efeito durável" da ação da ordem social sobre os agentes (cf. Bourdieu, 1997b, p.204). Isso provavelmente lança luz no fato de os encômios que evocam familiaridade substituírem quase completamente as referências a saberes e conhecimentos, ou seja, a qualidades e competências estritamente técnicas, quer dizer, propriamente pedagógicas, atribuídos a esses agentes mais humildes, especialmente às mulheres.

Além disso, a anteriormente referida transposição para a escola dos signos de distinção associados à gestão do capital doméstico explicita uma outra característica oculta dos encômios que revelam familiaridade (amigo, estimado, bondoso): a recusa do econômico, princípio de construção da realidade social socialmente construído e socializado por todos os agentes colocados em posições homólogas às dos membros mais dominados do magistério (ocupantes dos postos mais desprestigiados de um universo prestigioso). Condicionados, como já se disse, a reconhecerem-se na forma de estima e afeto, acostumados à despossessão dos atributos técnicos da profissão, isto é, da competência propriamente pedagógica, esses agentes, sobretudo as mulheres, carregam para a escola o princípio de construção – a recusa do econômico – constitutivo do *habitus* que faz da família (e, *a fortiori*, da profissão) um

> universo onde são suspensas as leis ordinárias do mundo econômico, [...] o lugar da confiança (*trusting*) e da dádiva (*giving*) – por oposição ao mercado e à dádiva retribuída –, ou, para falar como Aristóteles, da *philia*, palavra que se traduz freqüentemente por amizade e que designa de fato a recusa do espírito de cálculo; o lugar onde se suspende o interesse no sentido

estrito do termo, isto é, a busca da equivalência nas trocas. (Bourdieu, 1993a, p.33)

Esta ambigüidade, a recusa do econômico em agentes economicamente despossuídos, é adequada às condições sociais de produção das disposições ambíguas, isto é, o que é a mesma coisa, à ambigüidade das posições ocupadas, que, no caso dos membros do magistério, são caracterizadas, como já se disse no primeiro capítulo, pelo fato de pertencerem a uma pequena nobreza estatutária declinante e de serem profissionais desprestigiados do prestigioso mundo da produção simbólica.

A distância respeitosa, por sua vez, atribuída aos agentes que galgaram os postos mais elevados da profissão e que chegaram até aos postos de deputado estadual e federal, vereador, secretário de educação, presidente do CPP, assessor de cargos importantes nas hierarquias políticas, entre outros, decorre das estratégias de consagração desses agentes mais bem aquinhoados e que foram capazes de transpor as barreiras produzidas pelas estratégias de relegação impostas ao conjunto dos agentes do magistério. Muito provavelmente dotados dos capitais prévios que faltavam à maioria dos agentes do magistério, ao não se deixarem "contaminar" pelos estereótipos mais flagrantes da profissão (resignação, sacerdócio) e pela feminização (eufemização da dominação), conseguiram reconverter suas credenciais propriamente simbólicas em capital político e, por conseguinte, ser cooptados para as carreiras de "homem".

Entre esses dois pólos de atração – distância respeitosa e familiaridade – oscilam as expressões que revelam mais explicitamente interesse no "desinteresse" (idealismo, sacerdócio, espírito público), moeda corrente dispersa em todo o campo, como já se disse, mas cujo efeito de consagração varia de acordo com as carreiras, isto é, o termo que evoca o desinteresse é tanto mais significativo quanto maior a distância respeitosa sugerida pela carreira do morto. De fato, o efeito de sugestão social – ou de *ilusionismo social*, segundo a expressão de Accardo (1983) – potencializado pelas práticas desinteressadas é tanto maior quanto maior for o poder de sugestão dos agentes que as realizam, ou seja, quanto maior for o capital simbólico personificado pelo agente "desinteressado". Isso quer dizer que a taxa de câmbio simbólica entre os pares – "distância respeitosa/desinteresse" e "familiaridade/desinteresse" – é favorável ao primeiro, o que significa que os necrológios permitem constatar que o poder simbólico no interior do magistério tende a acumular-se no primeiro par. A lei de retorno do capital simbólico, que faz com que o capital simbólico seja incorporado tendencialmente ao capital simbólico (cf. Bourdieu, 1989a, p.145), manifestação da lei mais geral de acumulação dos capitais, comanda, aqui, a distribuição desigual, no campo do magistério, dos signos de fama, distinção e poder.

Assim como à familiaridade, a distância respeitosa também opõe-se à *operosidade* (perseverante, dedicado, prestante), signo de reconhecimento que trai uma condição modesta e os esforços, muitas vezes inúteis, para superá-la. A oposição entre a distância respeitosa e a operosidade é uma outra forma possível da oposição que se estabelece entre o dom e a hereditariedade (sinal de "nobreza" dos bem-nascidos), por um lado, e o mérito pelo trabalho (sinal "plebeu" dos que tentam pelo esforço compensar as carências materiais e culturais de nascimento), por outro.

Os encômios que expressam as qualidades mais pessoais também seguem a lógica das dicotomias. Os agentes mais bem situados no magistério recebem encômios que sugerem as atividades viris e públicas de liderança (ardoroso, veemente, entusiasta: pólo masculino), opostos aos encômios que sugerem o recato e a placidez do mundo privado (amável, sincero, bondoso: pólo feminino), reservados aos agentes situados em posições discretas. Menos uma oposição e mais uma assimetria é a que se estabelece entre a abundância de encômios reservados aos agentes masculinos e a parcimônia dos destinados a qualificar os agentes femininos. Essa assimetria estabelece-se quer entre os agentes masculinos e femininos de carreiras modestas (o caso mais comum), quer entre os agentes masculinos e femininos de carreiras de realce e projeção (caso numericamente mais raro).

É preciso, finalmente, acrescentar duas observações: a primeira é que as oposições anteriormente descritas correspondem a oposições inscritas na estrutura do campo educacional e "servem de suporte às estruturas cognitivas, às taxionomias práticas, freqüentemente registradas em sistemas de adjetivos que permitem produzir julgamentos éticos, estéticos, cognitivos" (Bourdieu, 1998b, p.112). Quanto à segunda observação, é pertinente acrescentar que os termos e expressões utilizados para identificar os agentes mortos, nos necrológios analisados, compõem o que Bourdieu, seguindo Durkheim, chama de "ficção bem fundada" (justificativa para o título desta terceira parte do presente estudo). Ou seja, os encômios, que são manifestações dos critérios de valoração do magistério, as prescrições de práticas tidas como modelares, os qualificativos evocados para dar conta dos postos altos e dos postos baixos, das carreiras gloriosas e das carreiras discretas, enfim, os valores em estado prático são realidades sociais que não têm outro fundamento no real senão o fato de serem construções sociais, e, como tais, são realidades que extraem todo o seu poder de nomeação do fato de serem coletivamente reconhecidas. "Quando se trata do mundo social", escreve Bourdieu (1993a, p.33), "as palavras fazem as coisas, pois elas fazem o consenso sobre a existência e o sentido das coisas, o senso comum, a doxa aceita por todos como evidente".

9
Topografia axiológica do magistério

Uma síntese descritiva de alguns resultados deste trabalho pode ser aqui ensaiada. Este estudo desenvolveu-se sob a perspectiva segundo a qual os agentes realizam ações racionais sem que a razão esteja necessariamente na base de suas ações (Bourdieu). A ação racional de um agente – ação conforme – é o produto da adequação de um *habitus* a um campo. O material empírico permite apreender duas posições – ou adequações, no sentido anteriormente referido – no magistério oficial paulista. Cada uma dessas posições constitui um feixe de propriedades – práticas e expressões – comuns a agentes situados em posições sociais homólogas.

O que ao longo do presente estudo foi chamado de "etos missionário do magistério" – ou seja, conjunto de disposições mais inclinadas a ressaltar a dimensão simbólica das posições ocupadas, sobretudo pelo magistério primário, maioria do plantel associativo do CPP e parte do pessoal da Apeoesp, disposições tendentes a ativar no professorado uma percepção de si que pode ser designada de carisma da missão espiritual de educar, disposições caucionadas pela moral ocupacional caracterizada pelo "espírito de doação" – e o que se chamou de "etos do trabalho do magistério" – conjunto de disposições contestatórias mais inclinadas a ressaltar as competências propriamente pedagógicas (racionalização cotidiana do trabalho) e as virtudes laboriosas do trabalhador, disposições essas caucionadas por uma moral caracterizada pelo "espírito de equivalência", baseada na venda da força de trabalho – estão tipificados no quadro a seguir.

Quadro 7 – Topografia axiológica do magistério

Índices de características	Posições no campo	
	Posição 1	Posição 2
Habitus	Inclinado a ressaltar a dimensão simbólica das posições ocupadas	Inclinado a ressaltar as qualidades profissionais e as virtudes do trabalhador
Etos	Missionário: carisma, altruísmo vocacional, desinteresse	Do trabalho: corporativismo, virtudes laboriosas, interesse
Moral ocupacional	Espírito de doação	Espírito de equivalência
Trunfos	Professoras primárias licenciadas e normalistas do interior	Professores/as licenciados/as do 2º grau da Capital e Grande São Paulo, diretores/as e agentes da burocracia educacional
Pólos do campo	Feminino, dominado	Masculino, dominante
Demandas, expectativas	Amadorismo, artesanato, fracas exigências propriamente profissionais, ambições limitadas	Exigências profissionais, salário "justo", melhores condições de trabalho, ambições maiores
Atividades políticas	"De base", reticência à greve, eventual participação comunitária	Militância, prontidão à greve, ambições de ascensão nas burocracias sindicais e partidárias
Estratégias	Mais inclinados a estratégias autônomas, forte adesão *dóxica* ao campo	Mais inclinados a estratégias heterônomas, politização, fraca adesão *dóxica* ao campo

Tanto os apelos aos ideais de abnegação e altruísmo do etos missionário quanto os de identificação com os trabalhadores do etos do trabalho aparecem nos periódicos sob a marca da despossessão. É, pois, sob a tônica da carência material e simbólica da profissão que os valores são legitimados. O etos missionário dos agentes do magistério em parte é explicado pela trajetória atribulada que os conduz ao campo, trajetória em geral marcada ou pelo estreitamento das opções profissionais, em virtude dos baixos capitais culturais das famílias, ou por esforços e privações em razão dos baixos recursos materiais, e em parte pela relação dominada do campo educacional no quadro geral das carreiras dominantes (não manuais). O etos do trabalho em parte é explicado pela alteração da adesão dóxica dos agentes do campo educacional, resultado da defasagem entre aspirações proporcionadas pelos títulos escolares e os postos mal remunerados e simbolicamente pouco rentáveis ocupados no campo, que inclinariam os agentes a não sancionar os valores mais salientes (missionários, carismáticos) do estado anterior do campo educacional, e em parte por uma reação à posição dominada do campo educacional em relação tanto ao espaço de todas as carreiras quanto aos poderes externos.

A constituição e posterior consolidação do etos do trabalho também pode ser creditada ao efeito de teoria realizado pela Apeoesp, para o qual contou com a "aliança ambígua" entre produtores culturais (celebridades universitárias, ocupantes de postos dominantes no mundo acadêmico, mas dominados nas estruturas dominantes da sociedade) e professores associados à entidade (triplamente dominados: em relação ao campo do poder, no campo simbólico e na qualidade de integrantes de uma carreira feminina).

As homologias de posição e afinidades estruturais entre agentes do magistério e sacerdotes ou trabalhadores assalariados indicam que os professores ocupam a vizinhança das opções profissionais que implicam a "perda dos atributos de domínação" (Miceli, 1977), e esta é percebida como privação, *privilégio negativo*, e representada paradoxalmente por meio de juízos de elevada importância, quer do ponto de vista missionário (estado anterior do campo), valorizando o sacrifício e as doações da profissão, quer como trabalhadores (estado subseqüente), valorizando a venda "justa" da força de trabalho, ambos os pontos de vista caracterizando-se por uma espécie de gratificação destinada a compensar a baixa rentabilidade econômica e simbólica da profissão.

A moral ocupacional caracterizada pelo "espírito de doação" e de baixa contrapartida econômica, como já se disse, é produto da sobrevivência de aspectos carismáticos no magistério, e a moral ocupacional aqui designada, na ausência de termo melhor, como "de equivalência" (termo usado para sugerir uma disposição voltada à simetria nas trocas materiais e simbólicas), baseada na venda "justa" da força de trabalho, pode ser descrita como uma tentativa de dotar o professorado de maior competitividade econômica (e também política) e de atributos profissionais por assim dizer mais seculares e masculinos. O que é condicionado pelo fato de o espaço profissional dos professores ocupar a região limítrofe entre as carreiras vistas como masculinas (poder, comando, virilidade, negócios, força) e as vistas como femininas (submissão, carência, lar, cuidados, fragilidade), e pelo fato de os professores partilharem as disposições que os fazem perceber seus espaços profissionais, e os jogos simbólicos praticados no campo, de forma quase sempre ambígua, num discurso que realiza um movimento pendular entre o econômico e o simbólico[27]. Essa oscilação ambígua também pode ser creditada à baixa taxa de

---

[27] Ambigüidade que, aliás, vem, com mudanças aqui e ali, da etapa de autonomização do campo educacional em São Paulo, cf. Catani, 1989, observação possivelmente generalizável para todo o país.

conversão dos títulos do campo educacional na bolsa de valores das carreiras dominantes: em virtude da desfavorável taxa de conversão dos diplomas do campo educacional (licenciaturas, normal, pedagogia), observa-se a tendência dos agentes do magistério a acionar estratégias destinadas a rentabilizar ao máximo o montante de capital simbólico de um campo de baixa poupança econômica interna, quer pelas estratégias que procuram acentuar a autonomia, quer pelas mais inclinadas à heteronomia. Essa oscilação ambígua também pode ser explicada a partir da ansiedade por reconhecimento sentida pelos membros do magistério, sobretudo pelos profissionalmente mais ambiciosos, que os condiciona a reivindicar retornos materiais e simbólicos mais gratificantes.

Assembléia de professores, 1988.

Foto: Regina Vilela (Arquivo da Apeoesp)

10

Considerações Finais

Incidindo sobre o cenário axiológico do magistério, este estudo objetivou lançar luz sobre os jogos simbólicos praticados pelo professorado paulista. É, por assim dizer, um capítulo de uma economia das práticas do magistério, lembrando que a economia das práticas propriamente econômicas é apenas um caso particular da economia geral das práticas (cf. Bourdieu, 1980, p.209). Partiu-se da premissa de que o conhecimento aproximado de estados anteriores dos campos ilumina os posteriores e, por conseqüência, a lógica de suas transformações sucessivas. Partiu-se também da idéia segundo a qual a incidência rigorosa de conceitos e de um *modus operandi* científico em realidades empíricas contribui tanto para o conhecimento destas realidades quanto para o aperfeiçoamento do método utilizado. Ao fazê-lo "gritar e gemer", como era do gosto de Foucault, aprimora-se o conceito. Ao acioná-lo com consistência epistemológica, enriquece-se o método.

Como contribuição a outros pesquisadores colocados na mesma posição, o autor deste estudo – também professor e com um passado de militância política e corporativa, e muito possivelmente partilhando, se não das mesmas, pelo menos de ilusões simbólicas semelhantes às aqui analisadas – diria que a maior dificuldade enfrentada nessa experiência de pesquisa foi romper com o que Louis Pinto (1999, p.44) chamou de "obrigação de solidariedade" entre pares. Este é um dos impensados que cimentam os grupos sociais, sobretudo nos momentos difíceis, e são fortes obstáculos à exigência científica de distanciamento. O rompimento é tanto mais árduo quanto mais próximas as posições sociais ocupadas, quanto maior a identidade dos *habitus*. Essa dificuldade faz com que muitos estudos sobre o Movimento de Professores, alguns dos quais realizados no calor do movimento e com as melhores intenções e sem dúvida com verdadeira integridade ética, tenham, diga-se assim, perdido inteiramente a objetividade e enveredado pela mera apologética. Justamente porque o pesquisador, em âmbitos diversos, pertence ao social que pretende descrever, ou seja, porque o investigador incorpora as estruturas sociais sob a forma de esquemas inconscientes de percepção e ação, a ciência social faz exigências terríveis, obsessivas e quase neuróticas. A mais desafiadora, a ruptura anteriormente mencionada, requer uma permanente "vigilância intelectual de si", que, sendo a "nítida consciência da aplicação rigorosa de um método" (Bachelard, 1994, p.79), contribui para controlar o máximo possível todas as formas de etnocentrismo. O autor acredita que, sem abdicar dessas exigências, este estudo é solidário com os professores, mas a solidariedade aqui praticada é de outra forma: é a da desmistificação proporcionada pelo entendimento.

Neste estudo há silêncios deliberados. Um, perfeitamente identificável: a questão do profissionalismo dos professores. Em vez de, por um golpe de força teórico, enquadrar os professores em graus de profissionalismo ou coisa que o valha, submeteu-se à análise a própria ambigüidade profissional sentida e vivida pelos agentes no período. Outro silêncio: evitaram-se projeções, e também vôos teóricos, permanecendo no limite estrito da análise do material empírico. A teoria foi assimilada como um "sistema de exame experimental em ação" (Bachelard, 1994, p.2). Essa é a razão pela qual não se procurou dar explicações filosóficas (ou outras não-sociológicas) durante a descrição das práticas, pois em toda a pesquisa os conceitos foram incorporados apenas e tão somente como "instrumentos inteiramente subordinados às necessidades da construção do objeto científico" (Pinto, 1998, p.130). Outros silêncios são conseqüência dos próprios contornos do trabalho e outros, não previstos, decorrem das inabilidades do autor. Além dos silêncios já referidos, há mais dois que merecem ser mencionados: evitaram-se as tentações proféticas e prescritivas de certas tradições acadêmicas e também evitou-se reduzir a descrição das práticas às dicotomias criadas por algumas modalidades de estudos educacionais.

Muitos dos silêncios deste estudo podem e devem ser superados por trabalhos que venham a sucedê-lo. E algumas questões, assim, podem ser abordadas, como: quais as características profissionais dos professores paulistas de hoje? Qual a atual configuração do subcampo das entidades sindicais? A politização, como a aqui descrita, permanece? O professorado ainda padece da miséria de condição detectada neste estudo? Como se encontra sua estima, sua imagem perante os outros segmentos sociais? Quais os lances atualmente mais usados nas estratégias de distinção? Considerando um prazo mais dilatado, qual o efeito, na Apeoesp, da vinculação partidária das "novas" lideranças? O CPP manteve a sua representatividade? E por quais meios?, entre outras.

Além das questões acima mencionadas, este estudo sugere outras perspectivas de continuidade da análise. Por exemplo, mereceria ser pesquisada a reconversão para o campo político realizada nos anos 80 por lideranças do professorado em todo o país. A cumplicidade ativa, durante o mesmo período, entre celebridades universitárias e entidades do magistério, uma vez investigada, também poderia revelar muito sobre as relações do professorado com as hierarquias e legitimidades acadêmicas. Considerando que a ciência social, à proporção que se desenvolve, deve incorporar à análise certa gama de objetos provenientes dos efeitos de sua própria difusão na sociedade (cf. Champagne, 1999), caberia investigar mais especificamente os resultados no subcampo das entidades do professorado da divulgação de teorias sociológicas ou quase-sociológicas ou pseudo-sociológicas (Marx, Gramsci, Trotski) que não somente alimentaram muitas das polêmicas do período, como também proporcionaram algum sentido à ação dos agentes.

Outra continuidade, não inteiramente explicitada no decorrer deste estudo: o autor apreciaria submeter o material empírico à teoria da dádiva (Mauss, Bourdieu, Jacques Godbout, Alain Caillé, Godelier, entre outros) e verificar o quão fecunda ela pode ser na abordagem das ambigüidades axiológicas vividas pelo professorado. Nesse caso, quem sabe, poder-se-ia insistir nas homologias entre o mundo doméstico e a escola como espaços de denegação do interesse econômico, logo, como locais adequados ao livre trânsito da dádiva. Poder-se-ia, talvez em conjunto com a dádiva, também descrever com detalhes a sobrevivência de dimensões carismáticas no perfil docente, atualizando assim o estudo de Luiz Pereira (1967).

Estudos empíricos sobre as relações entre estratégias de distinção dos grupos sociais e escolha dos estabelecimentos de ensino seriam bem vindos, mormente se vinculados às pressões que tais estratégias exercem sobre o cenário axiológico dos professores da instrução pública. Outro canteiro de obras igualmente promissor seria o estudo da criação e negociação de interesses a partir da incorporação, pelas instituições dominadas do subcampo das entidades do magistério paulista (Udemo, Apase, Liga do Professorado Católico, entre outras), dos móveis de lutas produzidos no confronto bipolar CPP X Apeoesp. Nesse caso, embora a descrição provavelmente não venha a ser completamente diferente, seguramente revelaria aspectos do subcampo inteiramente diversos.

Se bem-sucedido, este estudo – como toda investigação realizada sob inspiração da sociologia tal como a concebe Bourdieu e a concebia Durkheim – pode desempenhar alguma função clínica (em contrapartida, como adverte Bourdieu em várias passagens, pode-se também fazer um uso *cínico* das aquisições da ciência). À medida que o analista desmistifica os processos mais obscuros de dominação simbólica, cria oportunidades para que sejam encontrados os mecanismos terapêuticos por meio dos quais esses processos podem ser minimizados ou neutralizados. A liberdade, esta é uma proposição de Bourdieu, só pode advir do conhecimento da necessidade. O inverso também é verdadeiro: o desconhecimento da necessidade implica o absoluto reconhecimento da dominação. A única forma de evitar a "cumplicidade imediata" com todas as formas de dominação simbólica é trazer à luz, por meio da ciência, as necessidades presentes nas coisas sociais e também no próprio conhecimento do social.

Seja um rápido e certamente muito livre exemplo dessa função clínica da ciência: inteiramente baseada numa "*realpolitik* da razão", a liderança sindical do professorado poderia inventar um novo sindicalismo segundo a proposição: em vez de provocar efeitos políticos dentro e fora do subcampo a partir de posições políticas (politização), a liderança poderia optar por provocar efeitos políticos e simbólicos dentro e fora do subcampo a partir das posições simbólicas do campo educacional. Em vez de concorrer na política com os políticos (entrando em partidos, nos "movimentos sociais"), a liderança poderia, sem perder um pingo de sua autonomia, fazer as relações de força simbólica penderem a favor do espaço profissional dos professores. Bourdieu deu pessoalmente o exemplo de como isso é possível: criou efeitos políticos nas relações internacionais a partir de sua posição simbólica no mundo acadêmico e ajudou a originar discussões sobre os rumos da "Agenda do Milênio" da Organização Mundial do Comércio[28].

---

28 Cf. *Folha de S. Paulo*: "Caderno Mais!", 17/10/1999; "Ilustrada", p.3, 30/11/1999; "4º Caderno", p.1, 30/11./1999; *O Estado de S. Paulo*: "Cultura", 14/10/1999.

Poder-se-ia objetar que isso é difícil. De fato, é muito difícil, sobretudo para os que ocupam posições sociais dominadas, mas seguramente não é impossível. A dificuldade maior reside nas "paixões do *habitus* dominado", que, como já se disse, não são das que se podem suspender por um esforço da consciência libertadora. Infinitamente mais fácil, sem dúvida, e certamente prejudicial, é utilizar a máquina sindical para eleger políticos a serviço de legendas partidárias, num campo político cada vez mais colapsado em si, indiferente às demandas abertas de toda a sociedade e objetivamente contribuindo, e disso se beneficiando, para a atrofia da esfera pública e para a falta de transparência e lisura nos negócios públicos. Pelas vias de um "corporativismo do universal" (Bourdieu), ao contrário das apostas no campo político, o professorado poderia, quem sabe, encontrar os caminhos para um sindicalismo simbólico que ultrapasse tanto a modalidade assistencialista quanto a "paredista" ou "sabotadora" de reivindicação.

Muito provavelmente não será difícil identificar neste trabalho algumas "rabugens de pessimismo", para lembrar o Machado de Assis de *Memórias póstumas de Brás Cubas*. Mas, sob as tintas, às vezes um pouco sombrias, das descrições aqui feitas, há um pouco de otimismo. Se não propriamente otimismo, pelo menos uma certa dose de "realismo reflexivo", ou seja, de uma vindicação sistemática do desencantamento sociológico, pois somente a desmistificação das ilusões simbólicas coletivas permite tornar inteligíveis as ficções "bem fundadas" das práticas. A exigência desse realismo é muito atual, haja visto os fortes apelos e os razoáveis créditos simbólicos de coisas como "magia na escola", "reencantar a educação", "encantações pedagógicas", "*poiésis* educativa", ou a valorização das primícias da experiência, da subjetividade imediata, do vivido, sem as necessárias mediações conceituais. Quanto mais escapam ao controle, mais mitos eruditos como esses são eficazes. Em *A noite da madrinha*, Sérgio Miceli mostra como ocorre a cumplicidade entre produtores e consumidores de um programa televisivo e como a linguagem utilizada neste está a serviço da manipulação mítica. Talvez um estudo desse calibre deva urgentemente ser feito com certos tipos de produções do campo educacional brasileiro.

Referências bibliográficas

ABRAMO, Perseu. O professor, a organização corporativa e a ação política. In: CATANI, D. B. et al. (Orgs.). *Universidade, escola e formação de professores*. São Paulo: Brasiliense, 1986.

ACCARDO, Alain. *Initiation à la sociologie de l'illusionisme social*: invitation à la lecture des oeuvres de Pierre Bourdieu. Bordeaux: Le Mascaret, 1983.

_____ . *Introduction a une sociologie critique*: lire Bourdieu. Bordeaux: Le Mascaret, 1997.

ACCARDO, A., CORCUFF, P. *La sociologie de Bourdieu*: textes choisis et commentés. 2. ed. Bordeaux: Le Mascaret, 1992.

ACCARDO, A. et al. *Journalistes au quotidien*: outils pour une socioanalyse des pratiques journalistiques. Bordeaux: Le Mascaret, 1995.

ALMEIDA, A. *Educação e estratificação social*: a aprendizagem da diferença. In: REUNIÃO ANUAL DA ANPED, 23, 2000. Caxambu, MG. Disponível em <www.anped.org.br>. Data de acesso: nov. 2000.

ALMEIDA, M. I. *Perfil dos professores da escola pública paulista*. São Paulo, 1991. Dissertação (Mestrado em Educação) – Faculdade de Educação, Universidade de São Paulo.

AMORIM, M. D. D. de. *Em busca da participação*: a luta dos professores públicos de Santa Catarina pela democratização da educação. São Paulo, 1994. Tese (Doutorado em Educação) – Faculdade de Educação, Universidade de São Paulo.

BACHELARD, G. *Le rationalisme appliqué*. Paris: PUF, 1994.

———. *Épistémologie*. Org. Dominique Lecourt. Paris: PUF, 1995

———. *La psychanalyse du feu*. Paris: Galimard. 1998

BARBOSA, J. G. *De professor a ator social, os andaimes de uma construção*: estudo sobre a luta dos professores da escola pública de Mato Grosso – 1979 a 1989. São Paulo, 1992. Tese (Doutorado em Educação) – Pontifícia Universidade Católica de São Paulo.

BASTOS, M. H. C. Professorinhas da nacionalização: a representação do professor rio-grandense na *Revista de Ensino* (1939–1942). *Em Aberto*, n.14, v.61, p.135-43, 1994.

BOSCHI, R. R. *A arte da associação*. política de base e democracia no Brasil. Rio de Janeiro: IUPERJ/Vértice, 1987.

BOURDIEU, P. *La distinction:* critique social du jugement. Paris: Minut, 1979.

_____. *Le sens pratique*. Paris: Minuit, 1980.

_____. *Algérie 60:* structures économiques et structures temporelles. Paris: Minuit, 1981.

_____. *Sociologia*. Org. Renato Ortiz. São Paulo: Ática, 1983. (Col. Grandes cientistas sociais)

_____. *Questions de sociologie*. Paris: Minuit, 1984.

_____. *A economia das trocas simbólicas*. Tradução, seleção e organização Sérgio Miceli. 2.ed. São Paulo: Perspectiva, 1987a.

_____. *Choses dites*. Paris: Minuit, 1987b.

_____. *O poder simbólico*. Lisboa/Rio de Janeiro: Difel/Bertrand Brasil, 1989a.

_____. *La noblesse d'État*: grandes écoles et esprit de corps. Paris: Minuit, 1989b.

_____. *Homo academicus*. Paris: Minuit, 1992.

_____. À propos de la famille comme catégorie réalisée. *Actes de la recherche en sciences sociales*, n.100, p.32-6, 1993a.

_____. L'espace des points de vue. In: _____. (Org.). *La misère du monde*. Paris: Seuil, 1993b. p.13-7.

_____. A dominação masculina. *Educação & Realidade*, v.20, n.2, p.133-84, 1995.

_____. *Raisons pratiques*: sur la théorie de l'action. Paris: Seuil, 1996.

_____. *Les usages sociaux de la science*: pour une sociologie clinique du champ scientifique. Paris: Editions INRA, 1997a.

_____. *Méditations pascaliennes*. Paris: Seuil, 1997b.

_____. *Escritos de educação*. Org. Maria Alice Nogueira e Afrânio Mendes Catani. Petrópolis: Vozes, 1998a.

_____. *La domination masculine*. Paris: Seuil, 1998b.

BOURDIEU, P., BOLTANSKI, L. O diploma e o cargo: relações entre o sistema de ensino e o sistema de reprodução.

In: BOURDIEU, P. *Escritos de educação*. Org. Maria Alice Nogueira e Afrânio Mendes Catani. Petrópolis: Vozes, 1998, p.127-44.

BOURDIEU, P., CHAMPAGNE, P. Les exclus de l'intérieur. In:BOURDIEU, P. (Org.). *La misère du monde*. Paris, Seuil, 1993. p.913-23.

BOURDIEU, P., PASSERON, J.-C. *La Reprodution*. Éléments pour une théorie du système d'enseignement. Paris: Minuit, 1993.

_____. Language and relationship to language in the teaching situation. In: BOURDIEU, P. *et al*. *Academic discourse*: linguistic misunderstanding and professorial power. Stanford, CA: Stanford University Press, 1994. p.2-34.

BOURDIEU, P., SAINT-MARTIN, M. de. Gostos de classe e estilos de vida. In: BOURDIEU, P., *Sociologia*. Org. Renato Ortiz. São Paulo: Ática, 1983. p.82-121. (Col. Grandes cientistas sociais)

BRANCO, I. A. de S. *Educação, democracia:* uma proposta de educação para o estado de São Paulo na década de 80. São Paulo, 1994. Tese (Doutorado em Educação) – Faculdade de Educação, Universidade de São Paulo.

BRUSCHINI, C., AMADO, T. Estudos sobre mulher e educação: algumas questões sobre o magistério. *Cadernos de Pesquisa*, n.64, p.4-13, 1988.

CAILLÉ, A. *Don, intérêt et désintéressement*: Bourdieu, Mauss, Platon et quelques autres. Paris: La Découverte, 1994.

CALHOUN, C., LIPUMA, E., POSTONE, M. (Orgs.). *Bourdieu:* critical perspectives. Chicago: The University of Chicago Press, 1993.

CAMPOS, M. M. Resenha de "School choice: examining the evidence", de Edith Rasell e Richard Rothstein. *Revista Brasileira de Educação*, n.3, 1996, p.103-6.

CANESIN, M. T. *Um protagonista em busca de interlocução*: um resgate da história do movimento de professores da rede pública de primeiro e segundo graus em Goiás, na conjuntura 1979/1989. São Paulo, 1993. Tese (Doutorado em Educação) – Pontifícia Universidade Católica de São Paulo.

CARVALHO, M. E. P. de. Relações entre família e escola e suas implicações de gênero. *Cadernos de Pesquisa*, n.110, p.143-56, jul. 2000.

CARVALHO, M. J. V. *O professor estadual*: um valor ameaçado. Estudo sobre as condições de ensino e a associação da categoria profissional do professor paulista. São Paulo, 1981. Dissertação (Mestrado em Educação) – Pontifícia Universidade Católica de São Paulo.

CATANI, D. B. *Educadores à meia-luz*: um estudo sobre a *Revista de Ensino* da Associação Beneficente do Professorado Público de São Paulo. São Paulo, 1989. Tese (Doutorado em Educação) – Faculdade de Educação, Universidade de São Paulo.

_____. *Ensaios sobre questões de ensino*. São Paulo, 1994. Tese (Livre-docência) – Faculdade de Educação, Universidade de São Paulo.

CATANI, D. B., VICENTINI, P. P., LUGLI, R. S. G. O movimento dos professores e a organização da categoria profissional: estudo a partir da imprensa periódica educacional. In: CATANI, D. B., BASTOS, M. H. C. (Orgs.). *Educação em revista*: a imprensa periódica e a história da educação. São Paulo: Escrituras, 1997. p.77-92.

CHAMPAGNE, P. La vision médiatique. In: BOURDIEU, P. (Org.). *La misère du monde*. Paris: Seuil, 1993. p.95-123.

_____. *Formar a opinião*: o novo jogo político. Petrópolis, RJ: Vozes, 1998.

_____. La rupture avec les préconstructions spontanées ou savantes. In: CHAMPAGNE, P. *et al. Initiation à la pratique sociologique*. 2.ed. Paris: Dunod, 1999. p.166-220.

COSTA, B. C. G. da. O "estado" da educação na "folha" de jornal: como os jornais de grande circulação abordam a questão educacional. *Revista Brasileira de Estudos Pedagógicos*, v.76, n.184, p.579-614, 1995.

COSTA, E. da S. *et al.* A mobilização dos agentes educacionais do sistema educacional: breve histórico. *Cadernos de Pesquisa*, n.41, p.49-63, 1992.

CUNHA, L. A. Educação e sindicalismo: uma equação democrática? *Revista de Educação* (Apeoesp), n.8, p.10-6, 1996.

DEMARTINI, Z. de B. F., ANTUNES, F. F. Magistério primário: profissão feminina, carreira masculina. *Cadernos de Pesquisa*, n.86, p.5-14, 1993.

DURAND, J. C. *Arte, privilégio e distinção*: artes plásticas, arquitetura e classe dirigente no Brasil, 1855/1985. São Paulo: Perspectiva, 1989.

DURHKEIM, E. *Les règles de la méthode sociologique*. Paris: PUF, 1990.

_____. *Éducation et sociologie*. Paris: PUF, 1993a.

_____. *Ethics and the sociology of morals*. Buffalo/New York: Prometheus Books, 1993b.

_____. *Leçons de sociologie*. 2.ed. Paris: PUF, 1995.

ELIAS, N. *O processo civilizador*. Vol. 1 Uma história dos costumes. Rio de Janeiro: Jorge Zahar, 1994.

_____. *A sociedade de corte*. 2.ed. Lisboa: Editorial Estampa, 1995.

FASSONI, L. F. *A Apeoesp: oponente ou proponente?* Um estudo sobre a contribuição do sindicato dos professores na construção de uma escola pública de qualidade para a classe trabalhadora. São Paulo, 1991. Dissertação (Mestrado em Educação) – Pontifícia Universidade Católica de São Paulo.

FRACALANZA, P. S. A gestão do ensino fundamental pelo governo do estado de São Paulo: uma análise do financiamento e dos indicadores sociais de educação (1980–1993). *Educação & Sociedade*, n.69, p.92-118, dez. 1999.

FREIDSON, E. *Renascimento do profissionalismo*: teoria, profecia e política. São Paulo: Edusp, 1998.

GERALDI, C. M. G. A produção acadêmica sobre o professor, o movimento dos professores e a Apeoesp. *Revista de Educação (Apeoesp)*, n.8, p.29-38, fev. 1996.

GIANNOTTI, J. A. *A universidade em ritmo de barbárie*. 2.ed. São Paulo: Brasiliense, 1986.

GODBOUT, J. T. *O espírito da dádiva*. Rio de Janeiro: FGV Editora, 1999.

GOUVEIA, A. J. *Professoras de amanhã*: um estudo de escolha ocupacional. 2.ed. São Paulo: Pioneira, 1970.

KLEIN, H. E. *Os salários dos professores I e III da rede pública estadual de São Paulo*. São Paulo: 1991. Dissertação

(Mestrado em Educação) – Faculdade de Educação, Universidade de São Paulo.

KRUPPA, S. M. P. *O movimento de professores em São Paulo*: o sindicalismo no serviço público e o Estado como patrão. São Paulo, 1994. Dissertação (Mestrado em Educação) – Faculdade de Educação, Universidade de São Paulo.

LEME, R. A. T. Os sindicatos como instância de formação do educador. In: BICUDO, M. A. V., SILVA JUNIOR, C. A. (Orgs.). *Formação do educador*, v.3. São Paulo: Edunesp, 1996. p.145-53.

LENOIR, R. Désordre chez les agents de l'ordre. In: BOURDIEU, P. (Org.). *La misère du monde*. Paris: Seuil, 1993. p.421-9.

LUGLI, R. S. G. *Um estudo sobre o CPP (Centro do Professorado Paulista) e o movimento de organização dos professores (1964–1990)*. São Paulo, 1997. Dissertação (Mestrado em Educação) – Faculdade de Educação, Universidade de São Paulo.

MACHADO, N. J. *Epistemologia e didática*: as concepções de conhecimento e inteligência e a prática docente. São Paulo: Cortez, 1995.

_____. *Cidadania e educação*. São Paulo: Escrituras, 1997.

_____. *Educação*: projetos e valores. São Paulo: Escrituras, 2000.

MAUSS, M. Essai sur le don. In: _____. *Sociologie et anthropologie*. Paris: PUF, 1995a. p.145-279.

_____. Les techniques du corps. In: _____. *Sociologie et anthropologie*. Paris: PUF, 1995b. p.365-86.

MICELI, S. *A noite da madrinha*. São Paulo: Perspectiva, 1972.

_____. *Poder, sexo e letras na República Velha*: estudo clínico dos anatolianos. São Paulo: Perspectiva, 1977.

_____. *Intelectuais e classe dirigente no Brasil (1920-1945)*. São Paulo/Rio de Janeiro: Difel, 1979.

MORTARI, V. L. *O professor – um trabalhador – e a questão da quantidade/qualidade do produto de seu trabalho*. São Paulo, 1990. Dissertação (Mestrado em Educação) Pontifícia Universidade Católica de São Paulo.

NOGUEIRA, Marco A. *As possibilidades da política*: idéias para a reforma democrática do Estado. São Paulo: Paz e Terra, 1998.

NOGUEIRA, Maria A. Famílias de camadas médias e a escola: bases preliminares para um objeto em construção. *Educação & Realidade*, v.20, n.1, p.9-26, 1995.

_____. A escolha do estabelecimento de ensino pelas famílias: a ação discreta da riqueza cultural. *Revista Brasileira de Educação*, n.7, p.42-56, 1998.

_____. *Convertidos e oblatos*: um exame da relação classes médias – escola na obra de Pierre Bourdieu. Belo Horizonte, (mimeo), s.d.

NOGUEIRA, M. A., ROMANELLI, G., ZAGO, N. (Orgs.). *Família & Escola*: trajetórias de escolarização em camadas médias e populares. Petrópolis, RJ: Vozes, 2000.

OLIVEIRA, L. G. *Estado nota zero*: análise do magistério público paulista, 1970–1990. São Carlos, 1992. Dissertação (Mestrado em Educação) – Universidade Federal de São Carlos.

OLIVEIRA, R. Professorado e sindicato: do sacerdote ao trabalhador assalariado. In: FISCHMANN, R. (Coord.). *Escola brasileira*: temas e estudos. São Paulo: Atlas, 1987. p.144-60.

PAIVA, V. Formação do educador: profissional e política. *Revista de Educação*, n.1, dez. 1985.

PERALVA, A. T. *Classe moyenne, luttes sociales et education au Brésil*. Paris, 1985. Tese (Doctorat) – Institut d'Etude du Developpement Economique et Social.

_____. E os movimentos de professores da rede pública? *Cadernos de Pesquisa*, n.64, p.64-6, 1988.

_____. *Reinventando a escola*: a luta dos professores públicos do estado de São Paulo na transição democrática. São Paulo, 1992. Tese (Livre-docência) – Faculdade de Educação, Universidade de São Paulo.

PEREIRA, L. *A escola numa área metropolitana*: crise e racionalização de uma empresa pública de serviços. São Paulo: Pioneira, 1967.

PEREIRA, L. *O magistério primário numa sociedade de classe*: estudo de uma ocupação em São Paulo. São Paulo: Pioneira, 1969.

PESSANHA, E. C. *Professor primário*: ascensão e queda de uma categoria profissional. São Paulo, 1992. Tese (Doutorado) – Faculdade de Educação, Universidade de São Paulo.

_____. *Ascensão e queda do professor*. 2.ed. São Paulo: Cortez, 1997.

PINTO, L. *Pierre Bourdieu et la théorie du monde social*. Paris: Albin Michel, 1998.

_____. Expérience vécue et exigence scientifique d'objectivité. In: CHAMPAGNE, P. *et al.Initiation à la pratique sociologique*. 2.ed. Paris: Dunod, 1999. p.7-50.

POE, E. A. *Histórias Extraordinárias*. São Paulo: Abril, 1978.

POUILLON, F. Dádiva. In: Enciclopédia Einaudi. Vol.28: produção, distribuição, excedente. Lisboa: Imprensa Nacional, 1995. p.95-113.

PRIMO, A. A. *et al. Apeoesp, dez anos – 1978/1988*: memória do movimento de professores do ensino público estadual paulista. São Paulo: CEDI, 1993.

PUCCI, B., OLIVEIRA, N. R., SQUISSARDI, V. O processo de proletarização dos trabalhaldores em educação. *Teoria & Educação*, n.4, p.91-108, 1991.

RIBEIRO, M. L. S. Movimento de professores: as greves de 78 e 79 no estado de São Paulo. *Revista da ANDE*, n.4, p.26-30, 1982.

_____. *A formação política do professor de primeiro e segundo graus*. São Paulo: Cortez/Autores Associados, 1984.

_____. A importância política da realização da especificidade da educação. *Revista ANDE*, v.6, n.12, ago. 1987.

RIBEIRO, R. *Inspeção e escola primária em São Paulo*: trabalho e memória. São Paulo, 1991. Dissertação (Mestrado em Educação) – Faculdade de Educação, Universidade de São Paulo.

RUPP, J. C. C. Les classes populaires dans un espace social à deux dimensions. *Actes de la recherche en sciences sociales*, n.109, p.93-8, oct. 1995.

SAINT-MARTIN, M. de. Uma "boa" educação. *Educação & Sociedade*, n.66, p.104-22, abr. 1999.

SANTOS, W. G. A pós-"revolução" brasileira. In: JAGUARIBE, H. *et al. Brasil, sociedade democrática*. Rio de Janeiro: José Olympio, 1985. p.223-392.

SCHEFFLER, I. *A linguagem da educação*. São Paulo: Edusp/Saraiva, 1974.

_____. *Reason and teaching*. 2.ed. Indianapolis/Cambridge: Hackett Publishing Company, 1993.

SCHENBERG, M. *Cientistas do Brasil*: depoimentos. São Paulo: SBPC, 1998. p.89-101.

SETTON, M. da G. J. *Professor*: um gosto de classe. São Paulo, 1989. Dissertação (Mestrado em Ciências Sociais) – Pontifícia Universidade Católica de São Paulo.

_____. Professor: variações sobre um gosto de classe. *Educação & Sociedade*, n.47, p.73-96, abr. 199.

VIANNA, C. *Os nós do "nós"*: crise e perspectivas da ação coletiva docente em São Paulo. São Paulo: Xamã, 1999.

VICENTINI, P. P. *Um estudo sobre o CPP (Centro do Professorado Paulista)*: profissão docente e organização do magistério (1930–1964). São Paulo, 1997. Dissertação (Mestrado em Educação) – Faculdade de Educação, Universidade de São Paulo.

WACQUANT, L. Os três corpos do lutador profissional. In: LINS, D. (Org.). *A dominação masculina revisitada*. Campinas: Papirus, 1998. p.73-96.

WEBER, M. *Economia e sociedade*, v.1. 3.ed. Brasília: Editora UNB, 1994.

Fontes primárias

Anuário estatístico de educação do estado de São Paulo. São Paulo: 1987.

Apeoesp em Notícias.

Arquivo Ronaldo Nicolai (Apeoesp).

Jornal dos Professores.

Revista de Educação (Apeoesp).

Dados do autor

Gilson R. de M. Pereira, doutor em educação pela Faculdade de Educação da Universidade de São Paulo, é professor na Faculdade de Educação da Universidade do Estado do Rio Grande do Norte (UERN). Suas pesquisas tratam dos jogos simbólicos praticados no campo educacional brasileiro, mas incidem também sobre a teoria da dádiva. Publicou artigos sobre os dois temas, em especial sobre o processo de diferenciação do campo educacional brasileiro nos séculos XIX e XX, em revistas científicas da área, notadamente em *Educação* & *Sociedade*.

Organizou, em colaboração, o livro *Centros e museus de ciências*: visões e experiências. Subsídios para um programa nacional de popularização da ciência, publicado em 1998.

Coleção Ensaios Transversais

Títulos publicados

1 Cidadania e Educação
Nílson José Machado

2 Cérebros e Computadores
A complementaridade analógico-digital na informática e na educação
Robinson Moreira Tenório

3 Matemática e Música
O pensamento analógico na construção de significados
Oscar João Abdounur

4 Jung e a Educação
Uma análise da relação professor/aluno
Cláudio Saiani

5 Educação: Projetos e valores
Nílson José Machado

6 Caderno de Fogo
Ensaios sobre Poesia e Ficção
Carlos Nejar

7 Feminino + Masculino
Uma nova coreografia para a eterna dança das polaridades
Monica von Koss